©   Verlag Zabert Sandmann
München
1. Auflage 2015
ISBN 978-3-89883-477-3

Grafische Gestaltung	Irene Schulz
Fotografie	siehe Bildnachweis (Seite 185)
Rezepte & Texte	Michaela Baur
Redaktion	Ines Alms
Redaktionelle Mitarbeit	Karin Kerber
Herstellung & Lithografie	Jan Russok, Peter Karg-Cordes
Druck & Bindung	Mohn Media Mohndruck GmbH, Gütersloh

 Beim Druck dieses Buchs wurde durch den innovativen Einsatz der Kraft-Wärme-Kopplung im Vergleich zum herkömmlichen Energie-einsatz bis zu 52 % weniger CO_2 emittiert.

Besuchen Sie uns auch im Internet unter www.zsverlag.de

ECHT
GEMÜSE

Über 100 kreative Rezepte von Michaela Baur

INHALT

Meine Gemüseküche

Schon während meines Studiums war ich eine der wenigen, die die Theorie am liebsten in die Praxis umgesetzt haben. So kam es, dass ich in meiner Studentenbude auf kleinstem Raum und ausgerüstet mit nur zwei Herdplatten immer Gäste bewirtet habe, manchmal bis zu 20 Personen. Ich habe experimentiert und ausprobiert und dank eines kleinen Unkostenbeitrags, den meine Gäste beigesteuert haben, konnte ich von Anfang an Bio-Lebensmittel einkaufen. Da Fleisch in Bio-Qualität sehr teuer war, habe ich hauptsächlich mit Gemüse gekocht. Die Vielfalt an Gemüse, deren Farben- und Geschmacksreichtum, fasziniert mich bis heute. Kaum ein anderes Lebensmittel kann man auf so viele unterschiedliche Arten zubereiten. Mit Gemüse wird es in der Küche niemals langweilig, jede Jahreszeit bringt neue Geschmäcker hervor und ich freue mich jedes Jahr auf die ersten deutschen Radieschen, reife aromatische Tomaten und die Vielfalt der Bohnen. Aber auch der Abwechslungsreichtum des Winters begeistert mich mit seinen vielen Kohlsorten und bunten Wurzelgemüsen.

Zugegeben, es macht Arbeit, bis man Gemüse gewaschen, geschält und klein geschnippelt hat, aber das ist auch eine wunderbare Gelegenheit, die Gedanken anzuhalten, sich auf seine Sinne zu verlassen und zu entspannen. In diesem Sinne: Ran an den Topf und raus aus dem Kopf!

Bei der Vielzahl von Rezeptideen aus aller Welt ist bestimmt für jeden Geschmack etwas dabei, egal ob Sie das Gemüse mit Getreide, Fisch oder Fleisch kombinieren möchten. Die wichtigsten Methoden, mit denen man nahezu jedes Gemüse zubereiten kann, zeige ich Ihnen in meiner Step-by-Step-Fotostrecke mit Rezepten. In kurzen Steckbriefen habe ich einige eher unbekannte Gemüsesorten beschrieben, sodass auch diese in Zukunft in Ihrem Einkaufskorb landen können.

Ob Sie ein bisher unbekanntes Gemüse ausprobieren oder sich an einer neuen Zubereitungsart Ihres Lieblingsgemüses versuchen – diese Rezepte bringen garantiert frischen Wind in Ihre Küche.

Ich wünsche Ihnen viel Freude beim Schmökern und wunderbare Geschmackserlebnisse beim Kochen und Genießen.

Michaela Baur

Gemüse aus aller Welt
Gesunde Vielfalt

Gemüse ist **energiearm**, kein Wunder, denn es besteht bis zu 95 Prozent aus Wasser. Sehen wir uns zudem die Inhaltsstoffe an, wird schnell klar, dass man davon nie genug haben kann. Zusätzlich sättigen uns die enthaltenen **Ballaststoffe** und haben einen positiven Einfluss auf die Darmgesundheit.

Neben einer Vielzahl von **Mineralstoffen, Spurenelementen** und **Vitaminen** sind es vor allem die sekundären Pflanzenstoffe, die dem Gemüse Farbe (z.B. Lykopin in der Tomate), Geschmack und Schärfe (z.B. Glukosinolate in Kohl) verleihen. Auch im menschlichen Körper sind diese Stoffe wirksam und können vor Herz-Kreislauf-Erkrankungen und Krebs schützen. Andere bekämpfen Bakterien, Viren und Pilze, senken den Cholesterinspiegel, wirken gegen Entzündungen und beeinflussen den Blutzuckerspiegel oder die Immunabwehr positiv. Deshalb ist es sinnvoll, Abwechslung auf den Teller zu bringen und aus der Vielfalt der angebotenen Gemüse zu schöpfen. Die präventive Wirkung von sekundären Pflanzenstoffen ist unumstritten, entscheidend dabei ist aber das Zusammenspiel aller enthaltenen Nähr- und Inhaltsstoffe. Die Isolation einzelner Stoffe hat nicht die gleiche, manchmal sogar die gegenteilige Wirkung.

ARTISCHOCKEN (links) werden in Ländern rund um das Mittelmeer angebaut. Da sie in fast jedem Anbauland zu unterschiedlicher Zeit geerntet werden, sind bei uns das ganze Jahr über erhältlich. Bevor die Blütenknospen der Distel aufblühen, werden sie geerntet. Junge Artischocken sind komplett essbar. Sie können als Salat zubereitet, gekocht, gegrillt oder gebraten werden. Größere Artischocken befreit man zunächst vom Stiel und schneidet dann das obere Drittel der Blätter ab. In das Kochwasser gibt man den Saft einer Zitrone, damit das Gemüse seine grüne Farbe behält. Nach 20 bis 40 Minuten zupft man die Blätter ab und tunkt das fleischige Ende nach Belieben in einen Dip, bevor man es mit den Zähnen abzieht. Inmitten der Schuppenblätter befindet sich der zarte Boden, auch »Herz« genannt. Für den speziellen und feinen Geschmack der Artischocke ist der Inhaltsstoff Cynarin verantwortlich, ein Bitterstoff, der Leber und Galle unterstützt und Blutfettwerte senkt.

PAK CHOI (1) kommt ursprünglich aus Asien (wie der Name schon vermuten lässt), das Gemüse wird aber inzwischen sogar

3

5

6

roh verzehren kann, verwendet man sie ansonsten wie Kartoffeln. Ihr gelbes oder orangefarbenes Inneres unterscheidet sie jedoch optisch deutlich von der einheimischen Knolle. Zudem kann sie mit einem deutlich höheren Gehalt der Schutzvitamine A und C aufwarten.

OKRASCHOTEN (4) gehören zu den ältesten Gemüsepflanzen und wurden schon vor etwa 3000 Jahren von den Ägyptern angebaut. Heute wird dieses am Strauch wachsende Gemüse in tropischen Regionen kultiviert und ist bei uns ganzjährig erhältlich. Nach dem Waschen der Schoten schneidet man den Stiel nur so weit ab, dass die Frucht nicht verletzt wird. Beim Kochen geben die Schoten eine schleimige Substanz ab, die sich gut zum Eindicken von Suppen und Eintöpfen eignet. Durch Blanchieren in Salzwasser oder Einlegen in Zitronenwasser kann man das Absondern dieser Flüssigkeit verringern. Die weißen Kerne im Inneren der Schote kann man mitessen.

AVOCADOS (5) kann man bei uns dank ihres weltweiten Anbaus ganzjährig kaufen. Sie gehören zu den sogenannten Fruchtgemüsen. Mit ihrem hohen Fettgehalt von etwa 30 Prozent sind sie eine Ausnahme unter den Gemüsen. Ihr hochwertiges Fett mit vielen ungesättigten Fettsäuren verleiht dem Fruchtfleisch seine feine, buttrige Konsistenz. Da Avocados am Baum nicht ausreifen, benötigen sie 2 bis 3 Tage Lagerung bei Raumtemperatur, um ihr volles Aroma und ein weiches Fruchtfleisch zu entwickeln.

SHIITAKE-PILZE (6) beziehungsweise Pilze im Allgemeinen sind eine eigenständige Lebensmittelgruppe und zählen genau genommen nicht zum Gemüse, da sie genetisch enger mit Tieren als mit Pflanzen verwandt sind. Man unterscheidet Kulturarten wie Shiitake, Champignon und Austernpilz von nicht kultivierbaren Arten wie Steinpilz und Pfifferling. Auch Morcheln und Trüffel zählen zu den Pilzen. Allen gemeinsam ist ein nennenswerter Ballaststoffgehalt, der zwar gesund ist, sie aber auch etwas schwerer verdaulich macht.

4

in Deutschland geerntet, wo es auch Blätterkohl oder Chinesischer Senfkohl heißt. Er ist verwandt mit dem Chinakohl. Zubereitet wird er wie Mangold, er schmeckt aber milder und ist angenehm knackig. Deshalb sollte man ihn auch nur kurz dünsten, damit er seine Farbe und den Biss behält.

ZUCKERERBSEN (2), auch Zuckerschoten genannt, verstecken ihre kleinen Erbsen unter einer dünnen Haut. Zum Verzehr schneidet man lediglich den Schotenansatz ab, bei reiferen Schoten entfernt man den Faden entlang der Nahtseite. Roh oder kurz gedünstet sind sie eine wunderbar knackige Beilage.

SÜSSKARTOFFELN (3) sind – auch wenn der Name es vermuten lässt – nicht mit Kartoffeln verwandt. Sie benötigen wärmere Temperaturen, um zu gedeihen. Abgesehen davon, dass man die Süßkartoffel grundsätzlich auch

Heimisches Gemüse
Buntes Wurzelallerlei

Botanisch gelten Sie als Wurzeln, Knollen oder Zwiebeln, doch in der Küche werden Sie einfach als Wurzelgemüse bezeichnet. Dazu gehören alle essbaren, nährstoffreichen Speicherwurzeln, wie zum Beispiel Möhren, Rettich, Schwarzwurzeln und Topinambur.

PETERSILIENWURZELN (1) & **PASTINAKEN** (2) sind sich in ihrem Äußeren sehr ähnlich. Tatsächlich schmecken Pastinaken aber wesentlich milder, während die Petersilienwurzeln als Teil von Suppengrün eine würzige Note mitbringen. Optisch lassen sich die beiden Wurzeln an ihrem Blätteransatz unterscheiden: Der Ansatz der Pastinake hat einen ausgeprägten Rand, bei der Petersilienwurzel ist er nach außen gerichtet.

KNOLLENSELLERIE (3) hat einen hohen Gehalt an ätherischen Ölen und verleiht dadurch vor allem Suppen ein würziges Aroma. Bei frischen Knollen kann man die petersilienähnlichen Blätter mitverwenden.

SPEISERÜBEN: STECKRÜBEN (4) sind teils lilafarbene Rüben mit gelblichem Fruchtfleisch. Sie haben keinen ausgeprägten Eigengeschmack – daher vertragen sie sich vor allem gut mit anderem Wurzelgemüse. **NAVETTES** oder **MAIRÜBEN** (ohne Abb.) sind rund und weiß, mit einer abgeflachten violetten Oberseite. Roh macht sich die Navette gut in Salaten, sie schmeckt aber auch gedünstet als Gemüsebeilage. Im Herbst hat die mit der Mairübe eng verwandte Herbstrübe Saison.

ZWIEBELN (5) verbreiten einen typischen Geruch und Geschmack – dieser ist auf die enthaltenen Schwefelverbindungen zurückzuführen: Sie bringen uns einerseits zum Weinen, wirken aber auch antibakteriell. Am häufigsten wird die braune Zwiebel (auch Haushaltszwiebel, Küchenzwiebel oder Speisezwiebel) in deutschen Küchen verwendet. Es gibt aber noch weitere Sorten von Zwiebeln, wie zum Beispiel die Gemüsezwiebel, die rote und weiße Zwiebel sowie Schalotten.

MEERRETTICH (6) setzt beim Schneiden oder Reiben Senföl frei, welches für die Schärfe des Meerrettichs verantwortlich ist. Da frischer Meerrettich schnell braun wird, sollte man nur das Stück schälen, das man verwendet und zum Schluss frisch zum Gericht reiben.

ROTE BETEN (7) oder Rote Rüben sind nicht wie der Name vermuten lässt mit der weißen oder gelben Rübe verwandt, sondern mit Mangold und Spinat. Das kann man gut an ihren Blättern erkennen, die allerdings häufig für den Verkauf entfernt werden. Einige Sorten sind weiß, gelb oder auch rot-weiß schattiert.

RETTICH (8) gibt es in zahlreichen Farben von Weiß über Rot bis hin zu schwarz. Weißer Rettich (ohne Abb.) schmeckt roh in Salaten oder typisch bayerisch in Spiralform geschnitten und gesalzen als »Radi«. Aber auch gedünstet ist Rettich eine raffinierte Beilage. Schwarzer Rettich oder Winterrettich übersteht dank seiner festen schwarzen Schale auch Minustemperaturen, dafür ist er auch etwas schärfer als die hellen Varianten, die in den warmen Monaten gedeihen. **RADIESCHEN** (ohne Abb.) sind kleine runde, meist pinke Varianten des Rettichs und eignen sich wunderbar direkt zum Reinbeißen. Man kann sie aber auch warm servieren (s. Radieschensuppe S. 19), so wird die Schärfe der kleinen Knollen gemildert. Die Radieschenblätter lassen sich roh oder in Suppen verwenden.

MÖHREN (9) – schon als Kleinkind wird man mit der süßlich schmeckenden gelben Rübe bekannt gemacht und sie begleitet uns meist ein Leben lang. Ob als Bundmöhren mit Grün (dies kann wie Petersilie verwendet werden) oder als Waschmöhre, sie passt nahezu zu jedem anderen Gemüse und zu vielen Gerichten.

SCHWARZWURZELN (ohne Abb.) verbergen unter ihrer erdigen schwarzen Schale (beim Entfernen unbedingt Handschuhe tragen), ein feines weißes Inneres, das man ähnlich wie Spargel zubereiten kann.

TOPINAMBUR (ohne Abb.) – auch wenn der Name der Knolle nicht so klingt, so ist sie doch inzwischen ein einheimisches Gewächs. Roh erinnert ihr Geschmack an Artischocke, gegart schmeckt sie süßlich nussig. Die Knollen haben einen hohen Ballaststoffanteil.

Gemüse hat immer Saison
Von der Ernte bis zur Aufbewahrung

Die verschiedenen Gemüsearten, die in Deutschland im Laufe eines Jahres geerntet werden können, bringen viel Abwechslung auf den Tisch. Und es macht nicht nur Spaß, jeden Monat mit der »Gemüsemode« zu gehen, es schmeckt einfach besser, wenn das Gemüse reif geerntet auf den Teller kommt. Regionales Gemüse ist außerdem günstig für Umwelt und Geldbeutel. Aber auch Gemüse aus der ganzen Welt, die bei uns nicht heimisch sind, sind spannende Ergänzungen auf dem Speisezettel.

Ich freue mich immer besonders auf die ersten Wochen, in denen ein Gemüse frisch und reif im Handel erscheint. Aber woher soll man wissen, wann welches Gemüse gerade SAISON hat und ob es auch in Deutschland oder sogar in meiner Region angebaut wird? Einen ersten Überblick bekommen Sie mit diesem Saisonkalender. Da die Erntezeit je nach Witterung von Jahr zu Jahr etwas variiert, orientiert man sich beim Einkaufen am besten an der Kennzeichnung, die das Herkunftsland, manchmal sogar die Region, angibt. Der große Vorteil von saisonalem Gemüse ist sein Geschmack. Denn je reifer Früchte sind, desto höher ist die Menge an positiven Inhaltsstoffen, die dem Gemüse sein Aroma geben. Ganz nebenbei haben die Früchte keine langen Transportwege und sind zur Haupterntezeit günstig.

Wenn wir uns in der Küche auf dieses reichhaltige Angebot einlassen, bekommt unser Körper automatisch die Nährstoffe, die er zur jeweiligen Jahreszeit benötigt. So liefert die Gurke im Sommer Wasser und kühlt uns an heißen Tagen, während Kohl mit seinen sekundären Pflanzenstoffen und Vitamin C im Winter unser Immunsystem stärkt.

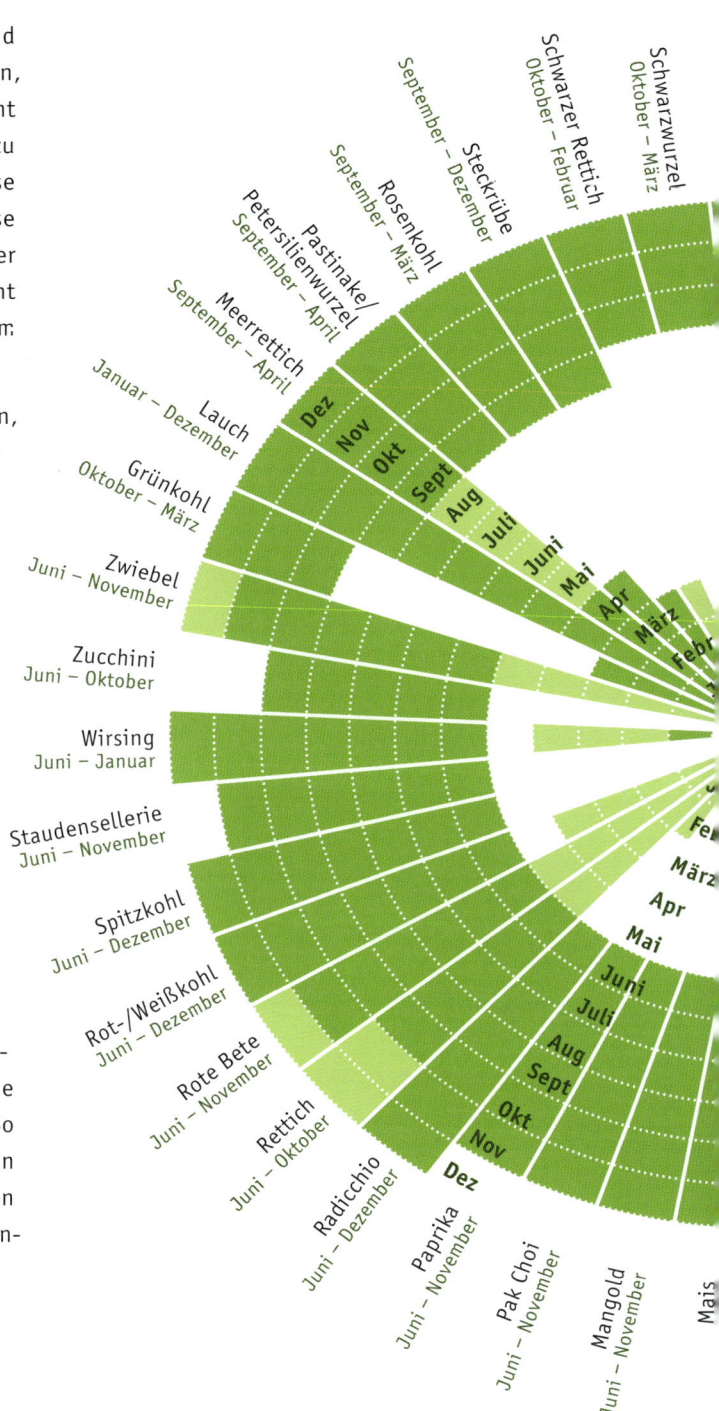

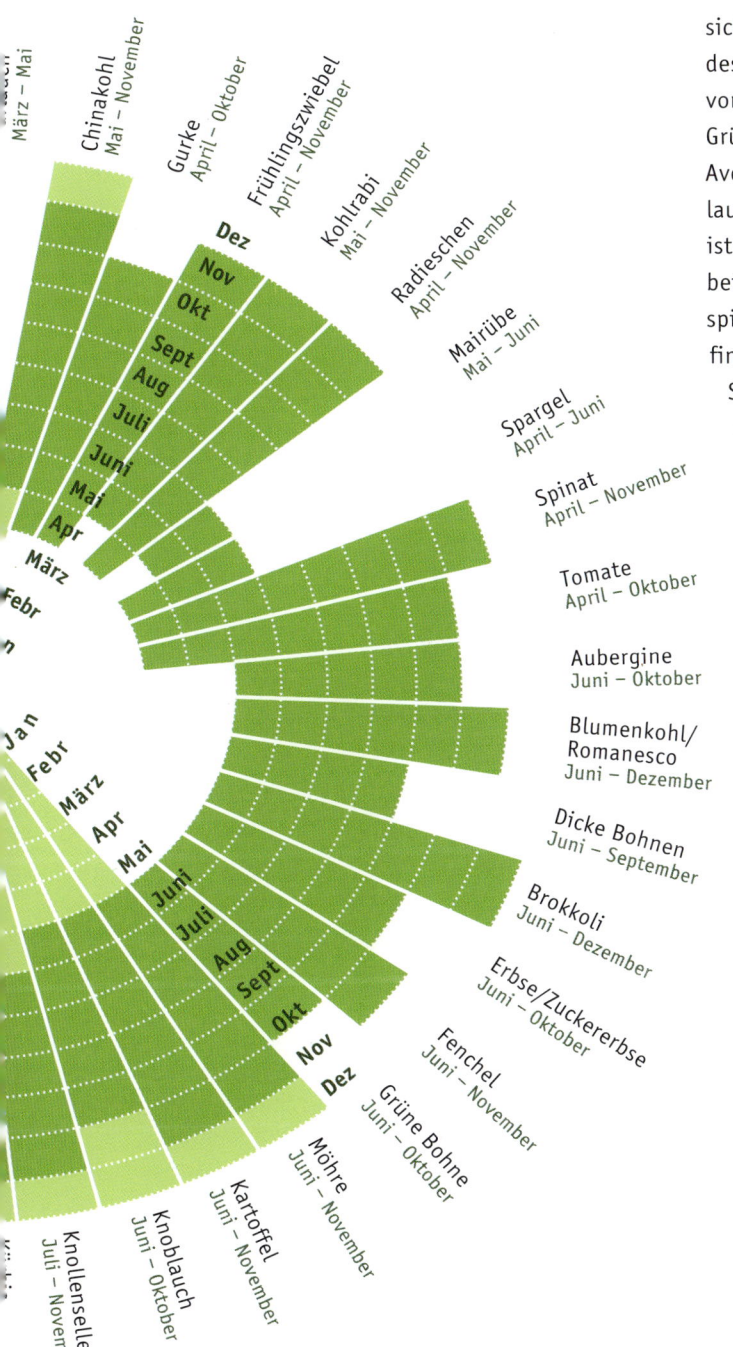

Chinakohl
Mai – November

Gurke
April – Oktober

Frühlingszwiebel
April – November

Kohlrabi
Mai – November

Radieschen
April – November

Mairübe
Mai – Juni

Spargel
April – Juni

Spinat
April – November

Tomate
April – Oktober

Aubergine
Juni – Oktober

Blumenkohl/
Romanesco
Juni – Dezember

Dicke Bohnen
Juni – September

Brokkoli
Juni – Dezember

Erbse/Zuckererbse
Juni – Oktober

Fenchel
Juni – November

Grüne Bohne
Juni – Oktober

Möhre
Juni – November

Kartoffel
Juni – November

Knoblauch
Juni – Oktober

Knollensellerie
Juli – November

März – Mai

Dez
Nov
Okt
Sept
Aug
Juli
Juni
Mai
Apr
März
Febr

Jan
Febr
März
Apr
Mai
Juni
Juli
Aug
Sept
Okt
Nov
Dez

Für die **AUFBEWAHRUNG** von frischem Gemüse eignet sich meist das Gemüsefach oder ein spezielles 0 °C-Fach des Kühlschranks am besten. Man sollte die Früchte vorher nicht waschen, aber das eventuell anhängende Grün entfernen. Einigen Gemüsesorten wie Auberginen, Avocados, Gurken, grüne Bohnen, Kartoffeln, Knoblauch, Kürbis, Paprika, Tomaten, Zucchini und Zwiebeln ist es im Kühlschrank allerdings zu kalt, diese sollten bei etwa 12 °C trocken und dunkel gelagert werden, beispielsweise im Keller oder in der Speisekammer. Empfindliches Gemüse, wie z.B. Artischocken, Pilze und Spargel packt man am besten in Plastikbeutel oder -folie oder schlägt sie in Papier (z.B. Zeitungspapier) oder in ein feuchtes Tuch ein, um sie vor dem Austrocknen zu schützen. Kleineres Gemüse ist auch in einer Aufbewahrungsbox mit Deckel gut aufgehoben. Angeschnittenes Gemüse sollte man immer mit Frischhaltefolie abdecken. Müssen unreife Früchte noch nachreifen, wie z.B. Avocado, so legt man sie in die Nähe von Obst und Gemüse, die ein sogenanntes Reifegas verströmen, wie z.B. Äpfel und Tomaten.

Das Gemüse hat Hauptsaison

Das Gemüse kommt aus dem Lager

Das Gemüse hat keine Saison

Step by Step
Tipps & Tricks für die Gemüseküche

Die Gemüseküche ist so vielfältig – man kann Gemüse auf viele verschiedenen Arten zubereiten. Rezepte, die fast mit jeder Gemüsesorte funktionieren, möchte ich Ihnen im Folgenden Schritt für Schritt vorstellen. Man benötigt weder spezielles Küchenzubehör noch besondere küchentechnische Fertigkeiten. Allerdings sind ein paar Tipps beim Zubereiten hilfreich, um schnell und einfach ein schmackhaftes Gericht zuzubereiten. Ich möchte Sie ermuntern, sich von der Jahreszeit und der Farbenpracht von Gemüse inspirieren zu lassen und Neues auszuprobieren. Wie wäre es mit feinen Ricotta-Spinat-Nocken, einem Topinambur- anstelle eines Kartoffel-Gratins oder einem knackigen Rotkohlsalat? Mit diesen Rezepten gelingt der Einstieg besonders leicht.

Ricotta-Spinat-Nocken mit Shiitake-Pilzen

1 100 g TK-Spinat auftauen, ausdrücken und hacken. 250 g Ricotta mit 1 Ei, 50 g geriebenem Parmesan und 50 g Mehl verrühren.

2 Den Spinat unter die Ricottamasse mischen. Die Nockenmasse mit etwas Salz und Pfeffer sowie 1 Prise Muskatnuss würzig abschmecken.

3 Etwa 400 g Shiitake-Pilze putzen, falls nötig, mit einem Pinsel säubern und in Streifen schneiden. 1 Schalotte schälen und in Würfel schneiden.

4 Die Pilze mit der Schalotte in 2 EL erhitzter Butter etwa 5 Minuten anbraten. 50 g Sahne angießen und mit Salz und Pfeffer würzen.

5 Aus der Ricottamasse mit zwei Esslöffeln Nocken abstechen und in kochendes Salzwasser gleiten lassen. Die Nocken bei schwacher Hitze knapp unter dem Siedpunkt etwa 10 Minuten gar ziehen lassen, bis sie an die Oberfläche steigen. Mit dem Schaumlöffel aus dem Wasser nehmen.

6 Die Shiitake-Pilze auf tiefe Teller verteilen. Die Ricotta-Spinat-Nocken auf die Pilze setzen und mit gehobeltem Parmesan bestreut servieren.

Topinambur-Gratin mit Parmesan

1 350 g Topinambur-knollen schälen, in dünne Scheiben schneiden und mit Wasser bedecken, damit sie sich nicht verfärben.

2 Eine ofenfeste Form mit 1 EL Butter einfetten und mit 1 Knoblauchzehe einreiben. Topinamburscheiben leicht überlappend in die Form legen.

3 150 g Sahne mit etwas Salz und Pfeffer sowie 1 Prise Muskatnuss würzen. Die Sahne gleichmäßig über die Topinamburscheiben gießen.

4 Die Topinambur mit je 50 g Parmesan und Weißbrotbröseln bestreuen. Bei 180 °C im Backofen auf der mittleren Schiene etwa 25 Minuten backen.

Rotkohlsalat mit Speck und Haselnüssen

1 Von 700 g Rotkohl die äußeren Blätter entfernen, den Kohl halbieren und den harten Strunk entfernen. Kohl in dünne Streifen hobeln und kneten.

2 50 ml Aceto balsamico mit 80 ml Olivenöl, 1/2 TL Honig, etwas Pfeffer und 1 Msp. Zimtpulver erwärmen. Über den Kohl gießen und ziehen lassen.

3 In einer Pfanne ohne Fett 40 g Haselnüsse anrösten und abkühlen lassen. Die Haselnüsse nach Belieben grob oder fein hacken.

4 In einer Pfanne 9 Scheiben durchwachsenen Räucherspeck knusprig ausbraten. Den Speck mit den Händen zerbröseln.

5 1 Orange so großzügig schälen, dass auch die weiße Haut mit entfernt wird. Die Filets zwischen den einzelnen Trennhäuten herausschneiden.

6 Den Salat auf große Kohlblätter oder Schälchen verteilen. Mit Haselnüssen sowie Speckbröseln bestreuen und mit Orangenfilets garnieren.

Süßkartoffelpüree mit Ingwer

1 Etwa 1 kg Süßkartoffeln schälen, waschen, in Stücke schneiden, 10 bis 15 Minuten weich garen und durch die Kartoffelpresse drücken.

2 Je 75 g Sahne und Butter sowie 1/2 TL fein geriebenen Ingwer unter das Süßkartoffelpüree mischen. Mit Salz und Pfeffer würzen.

Gemüselasagne mit Béchamelsauce

1 200 g Möhren putzen, schälen und längs in 1/2 cm dicke Scheiben schneiden. In kochendem Wasser 5 Minuten bissfest garen und abgießen.

5 3 EL Mehl in 3 EL Butter anschwitzen. Unter Rühren 350 ml Milch und 150 g Sahne angießen. Sauce weiterrührend 10 Minuten köcheln.

2 Einen Zucchino, 1 Aubergine und 1 Paprikaschote putzen, waschen und ebenso wie 1 Mozzarella in etwa 1/2 cm dicke Scheiben schneiden.

6 Sauce mit Salz, Pfeffer und Muskat würzen. Lasagneblätter in einer gebutterten Form auslegen. Möhren und ein Drittel der Sauce einfüllen.

3 Je 1 Zwiebel sowie Knoblauchzehe schälen und in feine Würfel schneiden. Beides in einem Topf in 1 EL Olivenöl andünsten.

7 Nacheinander Lasagneblätter, Zucchino, Paprika, Tomatensauce, Lasagneblätter, Aubergine, Tomatensauce und Mozzarella einschichten.

4 600 g stückige Tomaten (aus der Dose) und 1 bis 2 TL grob geschnittene mediterrane Kräuter (z.B. Basilikum, Majoran, Thymian) dazugeben.

8 Lasagneblätter und restliche Béchamelsauce daraufgeben. Mit Parmesan bestreuen und im Ofen bei 180 °C etwa 35 Minuten backen.

Gemüse-Hähnchen-Curry mit Kokosmilch

1 4 Frühlingszwiebeln, 8 Möhren, 1 Aubergine, 5 Paprikas und 10 g Ingwer je nach Sorte putzen, waschen oder schälen und klein schneiden.

2 Von 2 Stängeln Zitronengras die welken Außenblätter entfernen. Die untere Hälfte mit dem Messerrücken anklopfen und fein hacken.

3 Die Gemüsestücke mit dem Zitronengras und 1 TL roter Currypaste in 2 EL Öl bei mittlerer Hitze etwa 5 Minuten anbraten.

4 Schale von 1 Bio-Limette in das Gemüse reiben. 2 EL Limettensaft auspressen und mit 200 g Chinakohl (in Streifen) zum Gemüse geben.

5 Das Gemüse mit 750 ml Kokosmilch aufgießen. 800 g Hähnchenbrustfilet waschen, trocken tupfen und in 2 cm große Würfel schneiden. In einer Pfanne in 1 EL Öl rundum 5 bis 7 Minuten anbraten und durchgaren. Die Hähnchenstücke unter das Gemüse mischen.

6 1 Bund Koriander waschen und trocken schütteln. Die Blätter grob schneiden und mit dem Curry servieren. Dazu passt Basmatireis.

Cremige Radieschensuppe

1 2 Bund Radieschen putzen, waschen und zerkleinern. 1 Schalotte schälen und in feine Würfel schneiden. Beides in 1 EL Butter andünsten.

2 600 ml Gemüsebrühe und 200 g Sahne angießen und 10 Minuten köcheln lassen. Mit dem Stabmixer pürieren und mit Kresse bestreuen.

Salate, Snacks & kleine Gerichte

Gebratener Artischockensalat
mit Tomaten-Vinaigrette

Die feinen Artischocken lassen sich nicht gern die Schau stehlen –
sie kommen mit nur wenigen schlichten Zutaten am besten zur Geltung

Zutaten

Für den Salat:

Saft und abgeriebene Schale

von 1 Bio-Zitrone

4 mittelgroße Artischocken

2 Schalotten

1 Knoblauchzehe

1 kleines Bund Thymian

2 EL Olivenöl

10 schwarze Oliven

(ohne Stein)

Salz · Pfeffer aus der Mühle

Für die Vinaigrette:

4 Tomaten

80 ml Olivenöl

2 EL Aceto balsamico

Außerdem:

200 g Weißbrot

1 EL Butter

1 kleines Romanasalatherz

Zubereitung

FÜR 4 PERSONEN

1 Für den Salat 1 TL Zitronensaft beiseitestellen, den Rest mit 4 EL Wasser mischen. Von den Artischocken den Stiel sowie die harten Blattspitzen im oberen Teil abtrennen, die verblieben Blätter rund um den Artischockenboden abschneiden. Das »Heu« mit einem Teelöffel oder Kugelausstecher herauslösen und den Artischockenboden vierteln. Die Viertel im Zitronenwasser wenden, damit sie nicht braun werden.

2 Die Schalotten schälen, halbieren und in Streifen schneiden, den Knoblauch schälen. Den Thymian waschen und trocken schütteln. Das Olivenöl in einer Pfanne erhitzen und die Artischocken mit Schalotten, Knoblauch, Thymian und Zitronenschale darin 5 Minuten dünsten. Die Artischocken herausnehmen, mit den Oliven in einer Schüssel mischen und mit Salz, Pfeffer und dem restlichen Zitronensaft abschmecken.

3 Für die Vinaigrette den Backofen auf 100 °C Umluft vorheizen. Die Tomaten kreuzweise einritzen, überbrühen, häuten, vierteln und entkernen, die Stielansätze entfernen. Tomatenviertel in eine ofenfeste Form geben, mit 4 EL Olivenöl beträufeln und im Ofen auf der mittleren Schiene 15 Minuten garen.

4 Inzwischen das Brot in Würfel schneiden. Die Butter in einer Pfanne erhitzen und die Brotwürfel darin rundum goldbraun braten. Den Romanasalat putzen, waschen und trocken schleudern. Die Brotwürfel und die Salatblätter auf Tellern anrichten. Die Artischocken und die Tomaten darauf verteilen und mit dem Essig und dem restlichen Olivenöl beträufeln.

Tipp › Die besten Artischocken gibt es im Sommer, wenn sie aus Süd- und Mitteleuropa kommen. Achten Sie beim Kauf auf feste, saftig-grüne Früchte mit geschlossenen Blättern.

Avocadosalat
mit Putenecken

Zutaten

4 reife Avocados

400 g Cocktailtomaten

8 Frühlingszwiebeln

2 Kästchen Gartenkresse

4 Putenschnitzel (à 150 g)

4 TL Senf

Salz · Pfeffer aus der Mühle

120 ml Olivenöl

80 ml Aceto balsamico

4 Scheiben Vollkorntoastbrot

Zubereitung
FÜR 4 PERSONEN

1 Die Avocados halbieren und den Stein entfernen. Die Avocadohälften schälen und das Fruchtfleisch in Stücke schneiden. Die Cocktailtomaten waschen und vierteln. Die Frühlingszwiebeln putzen, waschen und in Ringe schneiden. Die Kresse vom Beet abschneiden, waschen und trocken tupfen. Avocado mit Tomaten, Frühlingszwiebeln und Kresse in eine Schüssel geben.

2 Die Putenschnitzel waschen, trocken tupfen und jeweils diagonal halbieren. Mit Senf bestreichen und mit Salz und Pfeffer würzen. In einer Pfanne 4 EL Olivenöl erhitzen und das Fleisch darin bei mittlerer Hitze rundum auf jeder Seite etwa 4 Minuten anbraten.

3 Für die Vinaigrette den Essig mit etwas Salz und Pfeffer verrühren, dann das restliche Olivenöl unterrühren. Den Avocadosalat mit der Vinaigrette mischen, auf Teller geben und die Putenecken darauf anrichten. Das Toastbrot leicht rösten und dazu servieren.

Fenchelsalat
mit Grapefruit

Zutaten

2 Fenchelknollen

1 rosa Grapefruit

2–3 Stiele Estragon

1–2 EL Balsamico bianco

Salz

3–4 EL Olivenöl

Zubereitung
FÜR 6 PERSONEN

1 Die Fenchelknollen putzen, waschen und halbieren, den harten Strunk entfernen. Den Fenchel in sehr feine Streifen schneiden.

2 Die Grapefruit mit einem Messer so schälen, dass die weiße Haut mit entfernt wird. Die Fruchtfilets herausschneiden und den Saft dabei auffangen. Die Fenchelstreifen mit dem Grapefruitsaft vermischen.

3 Den Estragon waschen, trocken schütteln und die Blätter abzupfen. Den Essig und die Estragonblätter zum Fenchel geben und den Salat mit Salz würzen. Die Grapefruitfilets dazugeben und alles mit Olivenöl beträufeln.

4 Den Fenchelsalat auf kleine Gläser verteilen. Wer mag, kann den Salat mit gerösteten Brotscheiben und Estragonstielen garnieren.

Geeiste Gurkennester
mit Joghurtsauce

Geschmacklich erinnert der Gurkensalat an griechisches Zaziki, denn die leichte Joghurtsauce ist mit einem Hauch Knoblauch abgerundet

Zutaten

2 Salatgurken

3 Stiele Dill

1 kleine Knoblauchzehe

150 g Naturjoghurt

Saft von $\frac{1}{2}$ Zitrone

Salz · Pfeffer aus der Mühle

Zubereitung

FÜR 4 PERSONEN

1 Die Gurken schälen und das Fruchtfleisch mit dem Sparschäler in langen Streifen abziehen. Den Dill waschen und trocken schütteln, die Spitzen abzupfen. Ein paar Spitzen beiseitelegen und den restlichen Dill fein hacken. Den Knoblauch schälen und ebenfalls fein hacken.

2 Den Joghurt mit Zitronensaft, Dill und Knoblauch mischen. Die Sauce mit Salz und Pfeffer würzen, über die Gurkenstreifen in eine Schüssel geben und 30 Minuten in den Kühlschrank stellen.

3 Zum Anrichten die Gurkenstreifen portionsweise mit einer Gabel aus der Joghurtsauce heben, wie Bandnudeln aufdrehen und auf tiefe Teller verteilen.

4 Die Joghurtsauce mit dem Stabmixer kurz aufschäumen und über die Gurkennester gießen. Mit den beiseitegelegten Dillspitzen dekorieren.

Tipp› Der Knoblauchgeschmack entfaltet sich stärker, wenn Sie die Zehe durch eine Knoblauchpresse drücken, statt sie nur zu hacken. Und natürlich kann die Knoblauchmenge nach Belieben variiert werden.

Möhren-Kokos-Mousse
auf Mango-Zuckerschoten-Salat

Von wegen Alltagsgemüse! Wenn sich Möhren als zarte Mousse mit Exoten wie Kokosmilch und Mango zusammentun, zeigen sie ihr wahres Potenzial

Zutaten

Für die Mousse:

400 g Möhren

100 ml Gemüsebrühe

150 ml Kokosmilch

1 Limette

Salz · Pfeffer aus der Mühle

Chilipulver

4 Blatt Gelatine

3 EL Milch

200 g Sahne

Für den Salat:

2 Mangos

150 g Zuckerschoten

Salz · 1/2 rote Chilischote

2 EL Weißweinessig

2 EL Sesamöl

1 EL Ahornsirup

1 Knoblauchzehe

1 haselnussgroßes Stück Ingwer

1/2 Bund Koriander

Pfeffer aus der Mühle

Zucker

Zubereitung

FÜR 4 PERSONEN

1 Für die Möhren-Kokos-Mousse die Möhren putzen, schälen und klein schneiden. Die Brühe in einem Topf aufkochen und die Möhren darin weich garen. Die Möhren in ein Sieb abgießen, im Küchenmixer fein pürieren und durch ein Sieb streichen. Das Möhrenpüree in einer Schüssel mit der Kokosmilch verrühren. Die Limette halbieren und den Saft auspressen. Das Möhrenpüree mit Salz, Pfeffer, Chilipulver und dem Limettensaft pikant abschmecken.

2 Die Gelatine in kaltem Wasser einweichen. Die Milch in einem Topf leicht erwärmen und die ausgedrückte Gelatine darin auflösen. Die Gelatine zügig unter die Möhrenmasse rühren. Die Sahne steif schlagen und vorsichtig unterheben. Eine flache Form (ca. 15 x 20 cm) mit Frischhaltefolie auslegen und die Möhrenmasse hineinfüllen. Glatt streichen und etwa 2 Stunden in den Kühlschrank stellen.

3 Für den Mango-Zuckerschoten-Salat die Mangos schälen, das Fruchtfleisch auf den flachen Seiten vom Stein schneiden und in Scheiben schneiden. Die Zuckerschoten putzen, waschen, schräg halbieren und in kochendem Salzwasser etwa 2 Minuten blanchieren. In ein Sieb abgießen, kalt abschrecken und gut abtropfen lassen.

4 Die Chilischote längs halbieren, entkernen, waschen und in feine Würfel schneiden. Mit Essig, Sesamöl und Ahornsirup zu einer Vinaigrette verrühren. Den Knoblauch und den Ingwer schälen. Knoblauch in feine Würfel schneiden, Ingwer fein reiben. Den Koriander waschen und trocken schütteln, die Blätter abzupfen und hacken. Alles unter die Vinaigrette rühren. Mango und Zuckerschoten mit der Vinaigrette mischen. Den Salat mit Salz, Pfeffer und 1 Prise Zucker abschmecken.

5 Die Mousse mithilfe eines Löffels zu Nocken formen und mit dem Mango-Zuckerschoten-Salat auf Tellern anrichten.

Gemüsetürmchen
mit Aubergine

Zutaten

5 EL Olivenöl

1 EL Zitronensaft

Salz

2 Knoblauchzehen

1 EL gehackte Kräuter

(z. B. Rosmarin, Thymian,

Basilikum, Salbei)

1 rote Paprikaschote

1 Aubergine

1 Zucchino

1 große Süßkartoffel

(ca. 350 g)

1 Gemüsezwiebel

1 Ochsenherztomate

4 dünne Brotscheiben

Zubereitung
FÜR 4 PERSONEN

1 Für die Marinade das Olivenöl mit dem Zitronensaft und etwas Salz verrühren. Den Knoblauch schälen und dazupressen. Dann die Kräuter hinzufügen.

2 Die Paprikaschote längs halbieren, entkernen und waschen. Die Aubergine und den Zucchino putzen und waschen, die Süßkartoffel und die Gemüsezwiebel schälen. Die Paprika in große Stücke schneiden. Aubergine, Zucchino, Süßkartoffel und Zwiebel in Scheiben schneiden. Die Gemüsestücke portionsweise auf dem Grill auf beiden Seiten grillen (ersatzweise in einer Grillpfanne in wenig Öl braten). In einer flachen Schale mit der Marinade beträufelt 30 Minuten ziehen lassen.

3 Die Tomate waschen und in Scheiben schneiden, dabei den Stielansatz entfernen. Die Brotscheiben rösten und halbieren oder vierteln.

4 Das Gemüse und die Brotstücke auf Tellern zu Türmchen aufschichten und nach Belieben mit gerösteten Pinienkernen und frittierten Salbeiblättern garniert servieren.

Gurkenschiffchen
mit Gemüsequark und Kresse

Zutaten

2 Mini-Salatgurken

Salz · Pfeffer aus der Mühle

500 g Speisequark

4 EL Sahne

2 kleine Schalotten

1 Knoblauchzehe

je 1 kleine rote und grüne
Paprikaschote

2 kleine Möhren

2 Kästchen Gartenkresse

2 Msp. Estragonsenf

Zubereitung
FÜR 4 PERSONEN

1 Die Gurken waschen und mit dem Sparschäler die Schale in Streifen so abschälen, dass dazwischen immer ein grüner Streifen stehen bleibt. Die Gurken längs halbieren, die Kerne mit einem Teelöffel entfernen und die Gurkenhälften leicht mit Salz und Pfeffer würzen.

2 Den Quark mit der Sahne in einer Schüssel cremig rühren. Die Schalotten und den Knoblauch schälen und in feine Würfel schneiden. Die Paprikaschoten der Länge nach halbieren, entkernen, waschen und in sehr kleine Würfel schneiden. Die Möhren putzen, schälen und auf der Gemüsereibe fein raspeln.

3 Die Kresse vom Beet abschneiden, waschen und trocken tupfen. Die Hälfte der Kresse hacken und mit den Schalotten-, Knoblauch- und Paprikawürfeln sowie den Möhrenraspeln unter den Sahnequark mischen.

4 Den Quark mit Senf, Salz und Pfeffer würzen, in einen Spritzbeutel mit großer Lochtülle füllen und in die Gurkenhälften spritzen. Die Gurkenschiffchen mit der restlichen Kresse garnieren. Nach Belieben Bauernbrot dazu servieren.

Grüner Bohnensalat
mit Chili und Kokos

Überraschend anders: Dieser Bohnensalat beweist,
wie perfekt man in Indien das Spiel mit den Aromen beherrscht

Zutaten

600 g grüne Bohnen

Salz

1 Zwiebel

1 Knoblauchzehe

2 rote Chilischoten

6 Curryblätter

2 EL Öl

1/2 TL schwarze Senfkörner

1/2 TL Kreuzkümmelsamen

1/2 TL Bockshornkleesamen

3 EL Zitronensaft

60 g frisches Kokosnuss-
fleisch (ersatzweise 40 g
getrocknete Kokosraspel)

Zubereitung

FÜR 4 PERSONEN

1 Die Bohnen putzen, waschen, in 1 cm lange Stücke schneiden und in kochendem Salzwasser etwa 10 Minuten garen. In ein Sieb abgießen, kalt abschrecken und abtropfen lassen.

2 Die Zwiebel und den Knoblauch schälen und in feine Würfel schneiden. Die Chilischoten der Länge nach vierteln, nach Belieben entkernen und waschen. Die Curryblätter waschen und trocken tupfen.

3 Das Öl in einer Pfanne erhitzen, Senfkörner, Kreuzkümmel- und Bockshornkleesamen darin unter Rühren rösten. Zwiebel, Knoblauch, Chilis und Curryblätter hinzufügen und 2 Minuten unter Rühren braten. Die Gewürzmischung vom Herd nehmen und abkühlen lassen.

4 Die Bohnen mit der Gewürzmischung, dem Zitronensaft und Salz vermischen und kurz durchziehen lassen. Das Kokosnuss-fleisch fein raspeln und den Bohnensalat vor dem Servieren mit den Kokosraspeln bestreuen.

Tipp › Wer es nicht so scharf mag, sollte die Chilischoten auf jeden Fall entkernen. Denn in den kleinen Kernen steckt der Wirkstoff Capsaicin, der für die feurige Schärfe der Chilis verantwortlich ist.

Saures Wurzelgemüse
mit Schalotten

Zutaten

8 Schalotten

2 Möhren (ca. 200 g)

6 Kartoffeln (ca. 400 g)

1/2 Stange Lauch (ca. 100 g)

1/4 Sellerieknolle (ca. 200 g)

1 EL Butter

Zucker

400 ml Gemüsebrühe

Salz · Pfeffer aus der Mühle

4 EL Weißweinessig

Zubereitung

FÜR 4 PERSONEN

1 Die Schalotten schälen und der Länge nach halbieren. Die Möhre putzen, schälen und in etwa 1/2 cm dicke Scheiben schneiden. Die Kartoffeln schälen, waschen und in mundgerechte Stücke schneiden. Den Lauch putzen, in etwa 1/2 cm dicke Scheiben schneiden und waschen. Den Sellerie schälen und in etwa gleich große Scheiben wie die Möhren schneiden.

2 Die Butter in einem Topf erhitzen und das vorbereitete Gemüse darin bei mittlerer Hitze andünsten. 1 Prise Zucker dazugeben und leicht karamellisieren. Mit der Gemüsebrühe ablöschen und mit Salz würzen.

3 Das Gemüse mit geschlossenem Deckel 8 Minuten bei mittlerer Hitze bissfest dünsten. Falls nötig, noch etwas Brühe dazugießen. Das Wurzelgemüse mit etwas Salz und Pfeffer sowie dem Essig abschmecken.

Teltower Rübchen
mit Petersilie

Zutaten

800 g Teltower Rübchen (mit Grün)

60 g Butter

1 EL Zucker

Salz

weißer Pfeffer aus der Mühle

¼ l Fleischbrühe

½ Bund Petersilie

Zubereitung
FÜR 4 PERSONEN

1 Die Teltower Rübchen putzen. Dafür die Blätter – bis auf die kleinen jungen Blätter – entfernen. Den Blattansatz sorgfältig schaben. Die Rübchen nach Belieben abschaben oder schälen und waschen.

2 Die Butter in einem Topf oder Bräter erhitzen und die Rübchen darin bei schwacher bis mittlerer Hitze kurz andünsten. Dann mit Zucker, Salz sowie Pfeffer würzen und unter häufigem Rühren leicht karamellisieren. Die Brühe angießen und aufkochen lassen. Die Rübchen zugedeckt bei schwacher Hitze etwa 35 Minuten bissfest garen. Aus dem Topf nehmen und warm halten.

3 Die Garflüssigkeit leicht sirupartig einkochen lassen. Die Rübchen wieder in den Topf geben und unter Schwenken mit der eingekochten Sauce überziehen.

4 Die Petersilie waschen und trocken schütteln, die Blätter abzupfen und fein hacken. Die Teltower Rübchen kurz vor dem Servieren mit der Petersilie vermischen.

Gratinierter Ziegenkäse
auf Radieschen-Rettich-Carpaccio

Ein Potpourri an Zutaten mit intensivem Eigenaroma vereint sich hier auf dem Teller harmonisch zu einer feinen Vorspeise

Zutaten

Für das Pesto:

je 100 g Liebstöckel und Rucola

1 Knoblauchzehe

1 EL Pinienkerne

50 g geriebener Parmesan

100 ml Olivenöl

Für das Carpaccio:

1 Bund Radieschen

1 kleiner weißer Rettich

oder Eiszapfen

2 EL Olivenöl (ersatzweise

neutrales Öl)

1 EL Honig

Pfeffer aus der Mühle

4 kleine Ziegenfrischkäse

Fleur de Sel (ersatzweise

anderes Meersalz)

Kräuterblätter zum Garnieren

(z. B. Minze, Melisse,

Rosmarin, Thymian)

Zubereitung
FÜR 4 PERSONEN

1 Für das Pesto den Liebstöckel waschen und trocken schütteln, die Blätter abzupfen. Den Rucola verlesen, waschen und trocken schütteln, grobe Stiele entfernen. Den Knoblauch schälen. Die Liebstöckel- und Rucolablätter mit den Pinienkernen, dem Knoblauch, dem Parmesan und dem Olivenöl im Küchenmixer zu einer feinen Paste pürieren.

2 Für das Carpaccio die Radieschen und den Rettich putzen, waschen und auf der Gemüsereibe in feine Scheiben hobeln.

3 Den Backofengrill auf 200 °C vorheizen. Das Olivenöl mit dem Honig und etwas Pfeffer zu einer Marinade verrühren.

4 Die Ziegenfrischkäse mit etwas Abstand zueinander auf einen großen ofenfesten Teller legen, mit der Hälfte der Marinade bestreichen und unter dem Grill etwa 7 Minuten überbacken.

5 Inzwischen die Radieschen- und Rettichscheiben leicht überlappend auf Tellern auslegen und mit der restlichen Marinade beträufeln.

6 Die gratinierten Ziegenkäse auf dem Radieschen-Rettich-Carpaccio anrichten und mit etwas Fleur de Sel bestreuen. Das Pesto kreisförmig auf dem Käse verteilen und das Radieschen-Rettich-Carpaccio mit Kräuterblättern garniert servieren.

Tipp › Wenn Sie das Fleur de Sel erst kurz vor dem Servieren über den Käse und das Carpaccio geben, kommt es am besten zur Geltung. Raffiniert schmeckt auch Fleur de Sel mit Zitrone.

Glasnudelsalat
mit Spitzkohl und Flusskrebsen

Zutaten

100 g Glasnudeln

Salz

300 g junger Spitzkohl

2 Möhren

1/2 Salatgurke

Saft von 2 Limetten

1 EL Ahornsirup

1 EL Leinöl

1 EL Öl

Pfeffer aus der Mühle

1 TL Chiliflocken

1 kleines Bund Koriander

200 g Flusskrebsschwänze
(vorgegart und geschält; ersatzweise Party-Garnelen)

Zubereitung
FÜR 4 PERSONEN

1 Die Glasnudeln mit reichlich kochendem Salz-wasser übergießen und etwa 10 Minuten zie-hen lassen.

2 Vom Kohl die äußeren Blätter und den Strunk entfernen. Restliche Blätter waschen, trocken tupfen und in feine Streifen schneiden. Möhren putzen, schälen und auf der Gemüsereibe in feine, lange Streifen hobeln. Gurke schälen, längs halbieren und die Kerne mit einem Löffel entfernen. Die Gurke ebenfalls in Streifen ho-beln. Das Gemüse in eine Salatschüssel geben.

3 Limettensaft, Ahornsirup und beide Öle in einer Schüssel gut verrühren und mit Salz, Pfeffer und Chiliflocken würzen. Die Marinade mit dem Gemüse mischen. Den Koriander wa-schen und trocken schütteln. Einige Stiele bei-seitelegen, den Rest fein hacken. Das Krebs-fleisch abbrausen und abtropfen lassen.

4 Die Nudeln in ein Sieb abgießen, gut abtropfen lassen und mit einer Küchenschere kürzen. Mit dem Krebsfleisch sowie dem Koriander unter den Salat mischen. Den Glasnudelsalat mit Salz und Pfeffer abschmecken, in Schalen anrichten und mit Koriander garnieren.

Gedämpfte Wan-Tans
mit Spinatfüllung

Zutaten

200 g Blattspinat (tiefgekühlt)

20 Wan-Tan-Blätter (tiefgekühlt)

4 Champignons

2 Frühlingszwiebeln

50 g Bambussprossen

(aus dem Glas oder der Dose)

1 TL frisch geriebener Ingwer

1 Knoblauchzehe

1 TL Speisestärke

2 TL Sesamöl

Zucker

Salz · Pfeffer aus der Mühle

einige Salatblätter

Zubereitung
FÜR 4 PERSONEN

1 Den Spinat auftauen lassen, gut ausdrücken und fein hacken. Die Wan-Tan-Blätter mit einem feuchten Tuch bedeckt etwa 30 Minuten zum Auftauen auslegen.

2 Die Champignons und die Frühlingszwiebeln putzen bzw. waschen und fein hacken. Die Bambussprossen in ein Sieb abgießen, abtropfen lassen und in feine Würfel schneiden.

3 Champignons, Frühlingszwiebeln und Bambussprossen mit dem Ingwer mischen. Knoblauch schälen, fein hacken und dazugeben. Die Stärke und 1 TL Sesamöl unterrühren, die Masse mit 1 Prise Zucker, Salz und Pfeffer würzen.

4 In die Mitte jedes Wan-Tan-Blatts 1 TL Füllung setzen. Die Teigblätter über der Füllung zusammennehmen und leicht zusammendrücken, sodass in der Mitte noch Füllung sichtbar ist.

5 Im Wok 1/4 bis 1/2 l Wasser aufkochen. Dämpfkorb oder Siebeinsatz mit Salatblättern auslegen, Wan-Tans daraufsetzen und zugedeckt im Wok etwa 10 Minuten dämpfen. Zum Servieren mit dem restlichen Sesamöl beträufeln.

Gemüsepäckchen
mit Spargel und Chilidip

Asiatisch inspiriert kommt hier buntes Gemüse daher: Handlich gewickelt in zartem Reispapier und begleitet von einem chilischarfen Dip

Zutaten

Für den Dip:

1 rote Chilischote

1 Frühlingszwiebel (nur der weiße Teil) · ½ Salatgurke

1 kleine Papaya (ca. 300 g)

100 ml helle Sojasauce

2 EL Honig

1 TL frisch geriebener Ingwer

Saft von ½ Limette

1–2 EL Sesamöl

Salz · Chiliflocken

Für die Gemüsepäckchen:

500 g grüner Spargel · Salz

2 Möhren · ½ Salatgurke

1 rote Paprikaschote

1 Kästchen Daikonkresse (oder Radieschensprossen)

8 Reispapierblätter

(à ca. 22 cm Durchmesser)

Zubereitung

FÜR 4 PERSONEN

1 Für den Dip die Chilischote längs halbieren, entkernen, waschen und fein hacken. Frühlingszwiebel waschen und fein hacken. Gurke schälen, längs halbieren und die Kerne mit einem Teelöffel entfernen, das Fruchtfleisch in feine Würfel schneiden. Papaya schälen, halbieren und die Kerne entfernen, das Fruchtfleisch in feine Würfel schneiden. Die vorbereiteten Zutaten in eine Schüssel geben. Die Sojasauce mit Honig, Ingwer, Limettensaft und Sesamöl verrühren und untermischen. Den Dip mit Salz und Chiliflocken würzen.

2 Für die Gemüsepäckchen den Spargel waschen und im unteren Drittel schälen, holzige Enden abschneiden. Stangen in kochendem Salzwasser 5 bis 6 Minuten blanchieren, abgießen, kalt abschrecken und quer halbieren. Möhren putzen und schälen. Gurke schälen, längs halbieren und die Kerne entfernen. Paprika längs halbieren, entkernen und waschen. Möhren, Gurke und Paprika längs in dünne Streifen schneiden. Kresse vom Beet abschneiden, waschen und trocken tupfen.

3 Eine flache Schale (etwas größer als die Reispapierblätter) mit Wasser füllen, ein Küchentuch danebenlegen. Die Reispapierblätter nacheinander etwa 1 Minute im Wasser einweichen, auf dem Tuch ausbreiten und mit einem zweiten Tuch trocken tupfen. Spargel, Möhren, Gurke, Paprika und Kresse überstehend auf die oberen Hälften der Reispapierblätter legen. Zuerst die untere Blatthälfte und dann die Seiten über das Gemüse klappen. Den Dip dazu servieren.

Tipp › Daikonkresse, die geschmacklich an Radieschen erinnert, ist in gut sortierten Gemüse- oder Asialäden erhältlich. Die Päckchen schmecken jedoch auch mit beliebigen anderen Sprossen sehr gut.

Nudelsalat
mit Chinakohl und Hackbällchen

Zutaten

600 g Schweinehackfleisch

1 Knoblauchzehe · 10 g Ingwer

1 Ei · 1 TL 5-Gewürze-Pulver

(asiatische Gewürzmischung aus

Fenchel, Gewürznelke, Sternanis,

Sichuanpfeffer und Zimt)

Salz · Pfeffer aus der Mühle

400 g Chinakohlblätter

2 Möhren (in dünnen Stiften)

400 g chinesische Eiernudeln

2 EL Chiliöl · 100 ml Gemüse-

brühe · 2 EL Weißweinessig

75 ml Sojasauce · 1 TL Sambal

Oelek · Zucker · Korianderblätter

zum Garnieren

Zubereitung

FÜR 4 PERSONEN

1 Das Hackfleisch in eine Schüssel geben. Knoblauch und Ingwer schälen, fein hacken und mit dem Ei sowie dem 5-Gewürze-Pulver unter das Hackfleisch kneten. Mit Salz und Pfeffer würzen. Aus der Masse mit angefeuchteten Händen Bällchen mit 3 bis 4 cm Durchmesser formen.

2 Den Chinakohl waschen und grob zerteilen. Mit den Möhren in einen Dämpfeinsatz geben. In einem großen Topf wenig Wasser aufkochen, den Dämpfeinsatz hineinstellen und das Gemüse bei mittlerer Hitze 6 Minuten dämpfen.

3 Inzwischen die Nudeln in reichlich kochendem Salzwasser nach Packungsanweisung bissfest garen, in ein Sieb abgießen, kalt abschrecken und abtropfen lassen.

4 Das Chiliöl in einer Pfanne erhitzen und die Fleischbällchen darin bei mittlerer Hitze rundum etwa 6 Minuten braten.

5 Die Brühe mit dem Essig, der Sojasauce, dem Sambal Oelek und 1 Prise Zucker verrühren, nach und nach das restliche Öl unterschlagen. Die Vinaigrette mit den Nudeln mischen und mit dem Gemüse und den Fleischbällchen in Schälchen anrichten. Mit Koriander garnieren.

Kimchi mit Sesam
und Knoblauch

Zutaten

1 großer Chinakohl (ca. 1 ½ kg)

120 g Salz

6 Frühlingszwiebeln

2 Stangen Staudensellerie

2 Möhren

6 Knoblauchzehen

1 haselnussgroßes Stück Ingwer

3–4 EL Fischsauce

50 g Zucker

2–3 EL koreanisches Chilipulver
(Gochugaru; aus dem Asienladen)

2 EL helle Sesamsamen

Zubereitung
FÜR 4 PERSONEN

1 Den Kohl putzen, waschen und vierteln, den Strunk entfernen. Kohl in grobe Stücke schneiden und in eine Schüssel geben. Etwa 2 l Wasser mit dem Salz verrühren und über den Kohl gießen. Mit einem Teller abdecken (er soll direkt auf dem Kohl liegen), beschweren und 1 Stunde an einem kühlen Ort ziehen lassen. Kohl aus der Lake nehmen (diese aufbewahren), waschen und abtropfen lassen.

2 Frühlingszwiebeln putzen, waschen und in feine Ringe schneiden. Sellerie putzen, waschen und in 3 bis 4 cm lange Stücke schneiden. Möhren putzen, schälen und in kurze Streifen hobeln.

3 Knoblauch und Ingwer schälen, grob zerkleinern und mit der Fischsauce im Blitzhacker fein pürieren. Zucker und Chilipulver untermischen. Die Paste mit Frühlingszwiebeln, Sellerie, Möhren, Apfel, Sesam und dem Kohl in einer Schüssel mischen. In Gläser füllen und jeweils noch etwas Salzlake dazugeben. Die Gläser verschließen und das Kimchi im Kühlschrank mindestens 1 Tag durchziehen lassen.

Pilz-Brotchips-Lasagne
mit Schnittlauchquark

*Schicht für Schicht ein Hochgenuss – vor dem italienischen Pastaklassiker
aus dem Ofen muss sich diese Lasagne-Variante wahrlich nicht verstecken*

Zutaten

Für die Pilz-Brotchips-Lasagne:

250 g gemischte Pilze

(z. B. Champignons,

Austernpilze)

1 Schalotte · 1 TL Butter

1 EL Sonnenblumenkerne

Zucker

1 EL Rotweinessig

1 Schuss Gemüsebrühe

Salz · Pfeffer aus der Mühle

1–2 EL Öl

1 kleines Stück älteres

Sauerteigbrot

Für den Schnittlauchquark:

½ Bund Schnittlauch

½ Knoblauchzehe

100 g Speisequark

Salz · Pfeffer aus der Mühle

2–3 EL Milch

Zubereitung
FÜR 2–4 PERSONEN

1 Für die Lasagne die Pilze putzen und in Scheiben schneiden. Die Schalotte schälen und in feine Würfel schneiden. Die Butter in einer Pfanne erhitzen und die Schalotte darin andünsten. Die Sonnenblumenkerne und die Pilze mitbraten, bis die aus den Pilzen ausgetretene Flüssigkeit verdampft ist. 1 Prise Zucker darüberstreuen und karamellisieren. Mit Essig und Brühe ablöschen, mit Salz und Pfeffer würzen und wieder einkochen lassen. Das Öl untermischen und die Pilzmischung abkühlen lassen. Den Backofen auf 170 °C vorheizen.

2 Das Brot mit der Schneidemaschine oder einem scharfen Messer in 12 hauchdünne Scheiben schneiden und nebeneinander auf ein mit Backpapier ausgelegtes Backblech legen. Mit Backpapier bedecken und mit einem kleineren Blech oder einer ofenfesten Platte beschweren, damit die Brote sich beim Backen nicht wölben. Die Brotscheiben im Ofen etwa 8 Minuten knusprig rösten.

3 Für den Quark den Schnittlauch waschen und trocken schütteln. Einige Halme für die Deko zur Seite legen, den Rest in feine Röllchen schneiden. Den Knoblauch schälen und durch die Presse zum Quark drücken. Mit Salz sowie Pfeffer würzen und mit etwas Milch glatt rühren. Schnittlauch unterheben.

4 Abwechselnd Brotchips, Schnittlauchquark und Pilzmischung auf Tellern zu kleinen Lasagne-Portionen aufeinanderschichten, dabei mit einer Lage Brotchips abschließen. Die Lasagne mit Pilzmarinade beträufeln und mit Schnittlauch garnieren.

Tipp> Brotzeit mal anders: Auf diese Art lassen sich auch andere Gerichte servieren, zum Beispiel eine sommerliche Variante mit Weißbrot, gegrilltem Gemüse oder Tomaten, Pesto und Rucola.

Gebackene Süßkartoffeln
mit Kräutern und Limettendip

Zutaten

1 kg Süßkartoffeln

2 EL Olivenöl

Salz · Pfeffer aus der Mühle

1 kleines Bund Petersilie

4 Stiele Minze

50 g Cashewnüsse

1 grüne Chilischote

2 Bio-Limetten

200 g Naturjoghurt

100 g saure Sahne

1 TL frisch geriebener Ingwer

Zubereitung

FÜR 4 PERSONEN

1 Den Backofen auf 200 °C vorheizen. Die Süßkartoffeln schälen, waschen und in 1 1/2 cm dicke Scheiben schneiden. Auf einem mit Backpapier ausgelegten Backblech verteilen und mit Olivenöl bestreichen. Mit Salz und Pfeffer würzen. Die Süßkartoffeln im Ofen auf der mittleren Schiene etwa 25 Minuten goldbraun backen, dabei einmal wenden.

2 Inzwischen die Petersilie und die Minze waschen und trocken schütteln, die Blätter abzupfen und hacken. Die Cashewnüsse in einer Pfanne ohne Fett anrösten. Abkühlen lassen und grob hacken. Die Chilischote längs halbieren, entkernen, waschen und in feine Ringe schneiden. Die Limetten heiß waschen und trocken reiben, die Schale in feinen Zesten abziehen und den Saft auspressen. Petersilie, Minze, Limettenschale, 2 bis 3 EL Limettensaft, Nüsse und Chili mischen.

3 Für den Dip den Joghurt mit der sauren Sahne, dem Ingwer und dem restlichen Limettensaft verrühren. Mit Salz und Pfeffer würzen. Die Süßkartoffeln mit der Kräuter-Nuss-Mischung bestreut servieren. Den Dip dazu reichen.

Sellerieschnitzel
mit Zitronen-Chili-Dip

Zutaten

1 Bio-Zitrone

1 Knollensellerie (ca. 800 g)

Salz · Pfeffer aus der Mühle

3 Eier

3–4 EL Mehl

ca. 250 g Weißbrotbrösel (oder
fein gemahlenes Toastbrot)

100 ml Öl zum Frittieren

1 EL Butter

100 g Mayonnaise

150 g saure Sahne

½ TL Chiliflocken

2 EL Schnittlauchröllchen

Zubereitung
FÜR 4 PERSONEN

1 Die Zitrone heiß waschen und trocken reiben,
die Schale fein abreiben und den Saft auspressen. Den Sellerie putzen, schälen, halbieren
und in ½ cm dicke Scheiben schneiden. In
kochendem Salzwasser mit 2 EL Zitronensaft
3 bis 4 Minuten garen. Gut trocken tupfen und
mit Salz, Pfeffer und Zitronenschale würzen.

2 Die Eier in einem tiefen Teller verquirlen. Das
Mehl und die Weißbrotbrösel jeweils ebenfalls
in einen tiefen Teller geben. Die Sellerieschei-
ben zunächst im Mehl wenden, dann durch die
verquirlten Eier ziehen und zuletzt mit den
Weißbrotbröseln panieren.

3 Das Öl in einer großen Pfanne erhitzen und
die Schnitzel darin auf jeder Seite je 2 bis
3 Minuten goldbraun braten. Die Pfanne vom
Herd nehmen und das Öl abgießen. Die Butter
in der Pfanne zerlassen und die Schnitzel darin
wenden. Auf Küchenpapier abtropfen lassen.

4 Die Mayonnaise mit der sauren Sahne, den Chiliflocken und dem Schnittlauch verrühren. Mit
Salz, Pfeffer und Zitronensaft würzen. Den Dip
zu den Sellerieschnitzeln servieren.

Gebackenes Gemüse
mit zweierlei Dips

Das Lieblingsgemüse einfach mal durch den Teig ziehen, knusprig frittieren und mit würzigen Dips servieren – Fleisch und Fisch vermisst hier niemand

Zutaten

Für den Mandel-Knoblauch-Dip:

4 EL Mandelblättchen

2 Knoblauchzehen (in Scheiben)

160 ml Milch · 200 g Frischkäse

2 EL Schnittlauchröllchen

Salz · Chilipulver

Für den Harissa-Joghurt-Dip:

3 EL Gemüsebrühe

2 EL Harissapulver (Gewürzmischung aus Chilischoten, Knoblauch, Koriandersamen, Kreuzkümmel und Salz)

200 g Frischkäse · 200 g Naturjoghurt · 1 EL Olivenöl · Salz

Für das gebackene Gemüse:

100 g Mehl

2 ½ EL Speisestärke

75 ml eiskalter Weißwein

1 EL Olivenöl · 1 TL Kräuter der Provence · Salz · Pfeffer aus der Mühle · 600 g Gemüse (z. B. Brokkoli, Blumenkohl, Staudensellerie, grüner Spargel, Möhren, Rettich)

1 l Öl zum Frittieren

Zubereitung

FÜR 4 PERSONEN

1 Für den Mandel-Knoblauch-Dip die Mandelblättchen und den Knoblauch mit der Milch in einem Topf erhitzen und 2 bis 3 Minuten köcheln lassen. Den Topf vom Herd nehmen, die Mandelmilch 7 bis 8 Minuten ziehen lassen, dann mit dem Stabmixer pürieren und abkühlen lassen. Die Milch mit dem Frischkäse glatt rühren, den Schnittlauch untermischen. Den Mandel-Knoblauch-Dip mit Salz und Chilipulver würzen.

2 Für den Harissa-Joghurt-Dip die Brühe in einem kleinen Topf erhitzen und vom Herd nehmen. Das Harissapulver unterrühren und 2 Minuten quellen lassen. Den Frischkäse mit dem Joghurt glatt rühren und das Olivenöl sowie die Harissapaste unterrühren. Den Dip mit Salz würzen.

3 Für das Gemüse Mehl und Speisestärke in einer Schüssel mischen. Wein, 125 ml eiskaltes Wasser und Olivenöl dazugeben und alles zu einem glatten Teig verrühren. Die Kräuter unterrühren und den Teig mit Salz und Pfeffer würzen.

4 Das Gemüse je nach Sorte vorbereiten. Brokkoli und Blumenkohl putzen, waschen und in Röschen teilen. Sellerie putzen, waschen und in etwa 4 cm lange Stücke schneiden. Spargel waschen, im unteren Drittel schälen und die holzigen Enden entfernen. Spargelstangen in etwa 4 cm lange Stücke schneiden. Möhren und Rettich putzen, schälen und in mundgerechte Stücke schneiden. Das Gemüse in kochendem Salzwasser nacheinander bissfest blanchieren. Mit dem Schaumlöffel herausnehmen, kalt abschrecken und auf Küchenpapier gut abtropfen lassen.

5 Zum Frittieren das Öl in einem Topf oder der Fritteuse auf 175 °C erhitzen. Das Gemüse portionsweise durch den Tempurateig ziehen und im heißen Öl etwa 2 Minuten knusprig ausbacken. Auf Küchenpapier abtropfen lassen, mit Salz würzen und mit den Dips servieren.

Gegrilltes Gemüse
in Filoteigschälchen

Zutaten

Für die Aioli (alle Zutaten sollten
Zimmertemperatur haben):
2 Knoblauchzehen · 1 sehr
frisches Eigelb · 1 TL Zitronensaft
$\frac{1}{2}$ TL scharfer Senf
ca. $\frac{1}{8}$ l Olivenöl
1 TL gehackter Thymian
Salz · Pfeffer aus der Mühle
Für die Gemüseschälchen:
ca. 3 EL Öl · 200 g Filoteig
1 Aubergine · 1 Zucchino
je 1 rote und gelbe Paprikaschote
1 Zwiebel · 2 Knoblauchzehen
ca. 3 EL Olivenöl
Salz · Pfeffer aus der Mühle

Zubereitung
FÜR 4 PERSONEN

1 Für die Aioli Knoblauch schälen und mit Eigelb,
Zitronensaft, Senf und Olivenöl in einem Rührbecher mit dem Stabmixer pürieren. Thymian
unterrühren, mit Salz und Pfeffer würzen.

2 Für die Gemüseschälchen den Backofen auf
180 °C vorheizen. Vier ofenfeste Formen (à ca.
10 cm Ø) mit Öl einfetten. Filoteig in etwa
12 cm große Quadrate schneiden und mit Öl bestreichen. In jede Form 2 bis 3 Quadrate leicht
versetzt aufeinanderlegen und im Ofen auf der
mittleren Schiene 10 Minuten knusprig backen.

3 Inzwischen Aubergine und Zucchino putzen
und waschen. Paprikaschoten längs halbieren,
entkernen und waschen. Das Gemüse in 1 bis
2 cm große Stücke schneiden. Die Zwiebel
schälen und in grobe Würfel schneiden. Den
Knoblauch schälen und in dünne Scheiben
schneiden. Alles auf einem mit Olivenöl gefet-
teten Backblech verteilen, mit 2 EL Olivenöl
beträufeln und mit Salz und Pfeffer würzen.

4 Teigschälchen aus dem Ofen nehmen und den
Backofengrill einschalten. Das Gemüse unter
dem Grill etwa 10 Minuten garen. Mit jeweils
1 Klecks Aioli in den Teigschälchen servieren.

Glasierter Radicchio
mit Granatapfel

Zutaten

600 g Radicchio

50 g Pinienkerne

1 rote Zwiebel

3–4 EL Olivenöl

2–3 EL Granatapfelsirup

Salz · Pfeffer aus der Mühle

100 g milder Gorgonzola (dolce)

Kerne von ½ kleinen Granatapfel

Zubereitung

FÜR 4 PERSONEN

1 Den Radicchio putzen, waschen und längs halbieren. Die Hälften in 2 cm dicke Spalten schneiden, dabei den weißen Strunk nur so weit entfernen, dass die Blätter noch zusammenhalten. Die Spalten eventuell zum Entbittern etwa 30 Minuten in warmes Wasser legen und anschließend gut trocken tupfen.

2 Die Pinienkerne in einer Pfanne ohne Fett bei mittlerer Hitze goldbraun rösten und beiseitestellen. Die Zwiebel schälen und in feine Streifen schneiden. Das Olivenöl in einer großen Pfanne erhitzen und die Zwiebelstreifen darin 2 bis 3 Minuten andünsten.

3 Die Radicchiospalten dazugeben und bei mittlerer Hitze 2 bis 3 Minuten braten. Mit dem Granatapfelsirup ablöschen und den Radicchio noch 2 Minuten dünsten. Mit Salz und Pfeffer würzen und auf Tellern anrichten.

4 Den Gorgonzola in kleine Stücke zupfen und mit den Pinienkernen und den Granatapfelkernen über den Radicchio geben.

Dips & Brotaufstriche

Bruschetta-Variationen
mit Tomaten, Pilzen und Avocado

*Hier ist für jeden das Richtige dabei: Wer es traditionell mag, greift zu
Brotscheiben mit Tomaten, Mutigere probieren Pilze und Avocado*

Zutaten

Für die Tomaten-Bruschetta:

3–4 Tomaten

1–2 Frühlingszwiebeln

30 g schwarze oder grüne

Oliven (ohne Stein)

2 TL Olivenöl

Salz · Pfeffer aus der Mühle

Für die Pilz-Bruschetta:

250 g Egerlinge · 1 Schalotte

2 Stiele Petersilie · 1 TL Öl

Salz · Pfeffer aus der Mühle

1–2 TL Butter

Für die Avocado-Bruschetta:

1 Schalotte · 1 Knoblauchzehe

1 Avocado · 1 EL Zitronensaft

1 EL Olivenöl

Salz · Pfeffer aus der Mühle

Außerdem:

24 Baguettescheiben

ca. 2 EL Olivenöl

Zubereitung

FÜR JE 8 BAGUETTESCHEIBEN

1 Für die Tomaten-Bruschetta die Tomaten kreuzweise einritzen, überbrühen, kalt abschrecken, häuten, vierteln und entkernen. Das Fruchtfleisch in Würfel schneiden. Die Frühlingszwiebeln putzen, waschen und in feine Ringe schneiden. Die Oliven klein schneiden. Tomaten, Frühlingszwiebeln und Oliven vermischen, das Olivenöl hinzufügen und alles mit Salz und Pfeffer würzen.

2 Für die Pilz-Bruschetta die Egerlinge putzen und in mundgerechte Stücke schneiden. Die Schalotte schälen und in kleine Würfel schneiden. Die Petersilie waschen, trocken tupfen und hacken. Das Öl in einer Pfanne erhitzen und die Schalotte darin andünsten. Die Pilze kurz mitbraten und mit Petersilie, Salz und Pfeffer würzen. Die Butter untermischen.

3 Für die Avocado-Bruschetta die Schalotte sowie den Knoblauch schälen und in feine Würfel schneiden. Die Avocado halbieren und den Stein entfernen. Die Avocadohälften schälen und das Fruchtfleisch in 1 cm große Würfel schneiden. Die Avocado in einer Schüssel mit etwas Zitronensaft beträufeln und Schalotte, Knoblauch sowie Olivenöl untermischen. Mit Salz, Pfeffer und nach Belieben mit Zitronensaft würzen.

4 Den Backofengrill einschalten. Die Brotscheiben nebeneinander auf ein Backblech legen, mit etwas Olivenöl beträufeln und im Ofen auf der mittleren Schiene etwa 5 Minuten goldbraun rösten. Auf je 8 Baguettescheiben eine Sorte Belag verteilen und sofort servieren.

Tipp › Die Bruschette eignen sich perfekt für eine Grillparty: einfach den Belag vorbereiten, die Brotscheiben – es schmeckt übrigens auch dunkles Brot – grillen und frisch mit dem Belag servieren.

Gemüsequark
mit Pellkartoffeln

Zutaten

1 kg festkochende Kartoffeln

Salz

12 Cocktailtomaten

8 Stangen Staudensellerie

2 gelbe Paprikaschoten

100 g gemischte Kräuter

(z. B. Petersilie, Kerbel,

Schnittlauch)

600 g Speisequark

ca. 4 TL Aceto balsamico

Pfeffer aus der Mühle

Zubereitung
FÜR 4 PERSONEN

1 Die Kartoffeln mit der Schale gründlich waschen und in Salzwasser etwa 20 Minuten weich garen.

2 Inzwischen die Cocktailtomaten waschen. Den Sellerie putzen und waschen. Die Paprikaschoten längs halbieren, entkernen und waschen. Das Gemüse in kleine Stücke schneiden.

3 Die Kräuter waschen und trocken schleudern. Schnittlauch in Röllchen schneiden, von anderen Kräuter die Blätter abzupfen und hacken.

4 Den Quark mit den Tomaten-, Sellerie- und Paprikastücken sowie den Kräutern in einer Schüssel verrühren. Den Quark mit Essig, Salz und Pfeffer abschmecken.

5 Die Kartoffeln abgießen, kurz ausdampfen lassen, möglichst heiß pellen und mit dem Gemüsequark auf Tellern anrichten. Dazu passt Blattsalat mit Vinaigrette.

Paprika-Hüttenkäse-Aufstrich
mit Pinienkernen

Zutaten

je 1 gelbe und rote Paprikaschote

1 Bund Rucola

2 EL Pinienkerne

400 g Hüttenkäse

Salz · Pfeffer aus der Mühle

Zubereitung
FÜR 4 PERSONEN

1 Die Paprikaschoten längs halbieren, entkernen, waschen und in kleine Würfel schneiden. Den Rucola verlesen, waschen und trocken schleudern, grobe Stiele entfernen. Einige Rucolablätter beiseitelegen, den Rest fein hacken.

2 Die Pinienkerne ungeröstet verwenden oder nach Belieben in einer Pfanne ohne Fett goldbraun rösten und anschließend abkühlen lassen. Die Pinienkerne grob hacken.

3 Die Pinienkerne mit den Paprikawürfeln, dem Rucola und dem Hüttenkäse in einer Schüssel vermischen. Den Paprika-Hüttenkäse-Aufstrich mit Salz und Pfeffer würzen und mit Rucola garnieren. Dazu passt frisches Bauernbrot.

Gemüsedip-Varianten
mit gekochten Eiern

Bunt geht es auf dem Teller zu, wenn Rote Bete und Erbsen mit ins Spiel kommen und schlichter Crème fraîche Farbe verleihen

Zutaten

12 Eier · Salz

200 g Crème fraîche

1–2 TL Zitronensaft

1–2 TL frisch geriebener Meerrettich

50 g Rote Bete (vorgegart und vakuumiert)

1 TL Sonnenblumenkerne

gemahlener Kümmel

Pfeffer aus der Mühle

50 g Erbsen (tiefgekühlt)

1 TL gehackte Minze

Zubereitung

FÜR 4 PERSONEN

1 Die Eier in kochendem Salzwasser 5 bis 10 Minuten wachsweich oder hart garen, kalt abschrecken und abkühlen lassen. Die Crème fraîche mit Salz und Zitronensaft cremig rühren.

2 Für den Meerrettichdip die Hälfte der Crème-fraîche-Mischung mit dem Meerrettich in einem Schälchen verrühren. Den Dip mit Salz würzen.

3 Für den Rote-Bete-Dip die Rote Bete in grobe Stücke schneiden und mit den Sonnenblumenkernen in einem hohen Rührbecher mit dem Stabmixer pürieren. Die Hälfte der restlichen Crème fraîche unterrühren. Den Dip mit Salz, 1 Prise Kümmel und Pfeffer würzen und in ein Schälchen füllen.

4 Für den Erbsendip die Erbsen in kochendem Salzwasser 3 bis 5 Minuten bissfest garen. In ein Sieb abgießen, kalt abschrecken und gut abtropfen lassen. Einige Erbsen beiseitelegen, die restlichen mit der übrigen Crème fraîche und der Minze in einem hohen Rührbecher mit dem Stabmixer pürieren. Den Dip mit Salz und Pfeffer würzen und in ein Schälchen füllen.

5 Die Eier pellen und je einen Deckel, nach Belieben mit einem gezackten Eierschneider, abschneiden. Je 3 Eier auf einen Teller setzen und jeweils etwa 1 TL einer Dip-Sorte daraufgeben. Je nach Dip mit Schnittlauchröllchen, Erbsen oder grob gemahlenem Pfeffer garnieren. Übriggebliebene Dips in den Schälchen dazu reichen. Dazu passt Vollkornbrot.

Tipp › Auch der Rote-Bete-Dip lässt sich sehr gut mit Meerrettich verfeinern. Für ein noch intensiveres Aroma rösten Sie die Sonnenblumenkerne vor dem Pürieren in einer Pfanne ohne Fett goldbraun an.

Linsen-Radieschen-Aufstrich
mit Kräutern und Frischkäse

Zutaten

100 g Berglinsen

8 Radieschen

1 EL gehackte Kräuter

(z. B. Petersilie, Thymian,

Kerbel, Schnittlauch, Majoran)

200 g Frischkäse

Salz · Pfeffer aus der Mühle

1 EL Zitronensaft

Zubereitung

FÜR 4 PERSONEN

1 Die Linsen in einem Sieb abbrausen. In einem Topf mit Wasser aufkochen und mit geschlossenem Deckel 15 bis 20 Minuten bissfest garen. Die Linsen in ein Sieb abgießen, kalt abschrecken und abtropfen lassen.

2 Die Radieschen putzen, waschen und in kleine Würfel schneiden. Die Radieschenwürfel in einer Schüssel mit den gehackten Kräutern und dem Frischkäse verrühren. Die Linsen unterziehen.

3 Den Linsen-Radieschen-Aufstrich mit Salz, Pfeffer und Zitronensaft sowie nach Belieben mit 1 Msp. Kräutersalz würzen. Dazu passen gegrillte oder getoastete Brotscheiben.

Auberginencreme
mit Petersilie und Nüssen

Zutaten

2 Auberginen (ca. 600 g)

60 ml Olivenöl

3 Knoblauchzehen

1 großes Bund Petersilie

1–2 EL Zitronensaft

1 TL abgeriebene
Bio-Zitronenschale

$1/2$ TL gemahlener Kreuzkümmel

80 g gemahlene Haselnüsse

Salz · Pfeffer aus der Mühle

Zubereitung
FÜR 4–6 PERSONEN

1 Den Backofen auf 160 °C vorheizen. Die Auberginen waschen und trocken reiben. Auf ein mit Backpapier belegtes Backblech legen, mehrmals mit einer Gabel einstechen und mit etwa 2 EL Olivenöl bestreichen. Im Ofen auf der mittleren Schiene etwa 50 Minuten schwarz rösten, bis das Fruchtfleisch weich ist.

2 Die Auberginen mit einem feuchten Küchentuch bedecken und 5 Minuten ruhen lassen, dann häuten und die Stielansätze entfernen. Das Fruchtfleisch abkühlen lassen.

3 Inzwischen den Knoblauch schälen. Die Petersilie waschen und trocken schütteln, die Blätter abzupfen und grob hacken.

4 Das Auberginenfruchtfleisch mit dem Knoblauch, 1 EL Zitronensaft, der Zitronenschale, dem Kreuzkümmel und dem restlichen Öl im Küchenmixer oder mit dem Stabmixer fein pürieren. Die Petersilie und die Nüsse hinzufügen und kurz mitpürieren.

5 Die Auberginencreme mit Salz, Pfeffer und Zitronensaft würzen. Sie passt gut zu gegrilltem Fleisch oder Fladenbrot.

Chili-Tomaten-Dip
und Auberginenpüree

*Hoch lebe die Gastfreundschaft: Mit diesen würzigen Vorspeisen
lässt sich das Warten auf den Hauptgang genüsslich überbrücken*

Zutaten

Für den Chili-Tomaten-Dip:

1 Zwiebel

3 Knoblauchzehen

2 grüne Chilischoten

1 großes Bund Petersilie

3 EL Tomatenmark

1 EL Olivenöl

Saft und abgeriebene Schale
von 1/2 Bio-Zitrone

Salz · Pfeffer aus der Mühle

Für das Auberginenpüree:

2 Auberginen

1 EL Olivenöl

Saft von 1/2 Zitrone

2 Knoblauchzehen

3 EL griechischer Joghurt

1 EL Pekmez (Fruchtsirup;
aus dem türkischen Lebens-
mittelladen; ersatzweise
Apfeldicksaft oder Zucker-
rübensirup)

Salz · Pfeffer aus der Mühle

2 – 3 EL geröstete Mandeln

Zubereitung
FÜR JE 4 PERSONEN

1 Für den Chili-Tomaten-Dip die Zwiebel und den Knoblauch schälen, die Zwiebel in grobe, den Knoblauch in feine Würfel schneiden. Die Chilischoten längs halbieren, entkernen, waschen und ebenfalls in feine Würfel schneiden. Die Petersilie waschen und trocken schütteln, die Blätter abzupfen und grob hacken.

2 Das Tomatenmark mit dem Olivenöl zu einer glatten Masse verrühren. Zwiebel, Knoblauch und Chili sowie den Zitronensaft und die -schale unterrühren. Den Dip mit Salz und Pfeffer abschmecken und den Großteil der Petersilie untermischen. Den Chili-Tomaten-Dip mit der restlichen Petersilie garnieren.

3 Für das Auberginenpüree den Backofen auf 160 °C vorheizen und ein Backblech mit Backpapier auslegen. Die Auberginen waschen und trocken reiben. Auf das Backblech legen, mit einer Gabel mehrmals einstechen und mit Olivenöl bestreichen. Die Auberginen im Ofen auf der mittleren Schiene garen, bis die Haut Blasen wirft und das Fruchtfleisch weich ist. Mit einem feuchten Küchentuch bedecken und 5 Minuten ruhen lassen, dann häuten und die Stielansätze entfernen.

4 Das Auberginenfruchtfleisch fein hacken, in eine Schüssel geben und sofort mit dem Zitronensaft mischen. Den Knoblauch schälen, in feine Würfel schneiden und dazugeben. Den Joghurt mit dem Pekmez glatt verrühren und unter das Auberginenpüree mischen, das Püree mit Salz und Pfeffer abschmecken. Die Mandeln nach Belieben grob hacken und das Auberginenpüree damit sowie mit Minzeblättern garnieren. Warm servieren.

Möhren-Lauch-Creme
mit Kümmel und Chiliflocken

Zutaten

200 g rote Linsen

300 ml Gemüsebrühe

1 TL Weißweinessig

2 Frühlingszwiebeln

1 kleine Stange Lauch
(nur der weiße Teil)

100 g Möhren

1 Knoblauchzehe

2 TL Öl

1/2 TL ganzer Kümmel

1 Msp. Chiliflocken

Salz · Pfeffer aus der Mühle

100 g Naturjoghurt

50 g saure Sahne

gehackter Dill zum Garnieren

Zubereitung
FÜR 4 PERSONEN

1 Die Linsen in einem Sieb abbrausen. In einem Topf mit der Brühe aufkochen und mit geschlossenem Deckel etwa 10 Minuten bissfest garen. Die Linsen in ein Sieb abgießen, kalt abschrecken, abtropfen lassen und in einer Schüssel mit dem Essig mischen.

2 Die Frühlingszwiebeln und den Lauch putzen, waschen und in feine Ringe schneiden. Die Möhren putzen, schälen und in kleine Würfel schneiden. Die Knoblauchzehe schälen und in feine Würfel schneiden.

3 Das Öl in einer Pfanne erhitzen und die Frühlingszwiebeln darin mit dem Lauch, den Möhren und dem Knoblauch etwa 5 Minuten unter Rühren dünsten. Den Kümmel im Mörser grob zerstoßen und mit den Chiliflocken zum Gemüse geben. Mit Salz und Pfeffer würzen und das Gemüse etwas abkühlen lassen.

4 Die Linsen, den Joghurt und die saure Sahne vorsichtig unter die Gemüsemischung heben. Den Aufstrich in Schälchen füllen und mit Dill und nach Belieben etwas zerstoßenem Kümmel sowie Chiliflocken garnieren.

Gemüseröllchen
mit grünem Paprikadip

Zutaten

15 Stangen grüner Spargel

Salz

1 Salatgurke

2 rote Paprikaschoten

30 dünne Kasslerscheiben (oder
gekochter Schinken)

3 grüne Paprikaschoten

$^1/_2$ Bund Petersilie

1 Knoblauchzehe

1 Ei (hart gekocht)

6 Kapern

3 – 6 EL Olivenöl

Zubereitung
FÜR 6 PERSONEN

1 Spargel waschen und im unteren Drittel schälen, die holzigen Enden abschneiden. Stangen in Salzwasser bissfest blanchieren, kalt abschrecken, abtropfen lassen und halbieren.

2 Gurke waschen, längs halbieren und mit einem Teelöffel die Kerne entfernen. Die Gurken in grobe Stifte schneiden. Rote Paprikaschoten längs halbieren, entkernen, waschen und in breite Streifen schneiden. Kasslerscheiben jeweils mit Spargel, Gurkenstiften und roten Paprikastreifen belegen und aufrollen.

3 Für den Dip die grünen Paprikaschoten mit dem Sparschäler schälen, längs halbieren, entkernen, waschen und in kleine Würfel schneiden. Die Petersilie waschen und trocken schütteln, die Blätter abzupfen. Den Knoblauch schälen und halbieren. Das Ei pellen und hacken.

4 Paprika, Petersilie, Knoblauch, Kapern und Olivenöl im Küchenmixer oder mit dem Stabmixer fein pürieren. So viel Olivenöl untermixen, bis die Sauce die gewünschte Konsistenz hat. Mit Salz würzen und zum Schluss das gehackte Ei unterrühren. Den Paprikadip zu den Gemüseröllchen servieren.

Rotkohlcreme
mit Walnussöl

Mit ihrer leuchtend violetten Farbe ist diese Creme ein echter Hingucker und sorgt ganz sicher für Gesprächsstoff am nächsten Partybüfett!

Zutaten

½ Rotkohl (400 g)

1 Zwiebel

1 EL Sonnenblumenöl

Salz · Pfeffer aus der Mühle

2 EL Rotweinessig

¼ l Apfelsaft

200 g Frischkäse

1 EL Preiselbeerkonfitüre

1 Spritzer Zitronensaft

1 kleines Baguette (nach Belieben mit Sonnenblumenkernen)

2 – 3 EL Walnussöl (ersatzweise Haselnuss-, Oliven- oder Sonnenblumenöl)

Sonnenblumenkerne und Petersilienblätter zum Garnieren

Zubereitung

FÜR 4 PERSONEN

1 Vom Rotkohl die äußeren Blätter und den harten Strunk entfernen. Den Rotkohl in Streifen schneiden. Die Zwiebel schälen und in feine Würfel schneiden.

2 Das Sonnenblumenöl in einem Topf erhitzen und die Rotkohlstreifen mit den Zwiebelwürfeln darin bei mittlerer Hitze kurz andünsten. Mit Salz und Pfeffer würzen. Mit dem Essig sowie dem Apfelsaft ablöschen und das Gemüse mit halb geschlossenem Deckel etwa 20 Minuten weich dünsten, falls nötig noch etwas Apfelsaft dazugießen. Von der Herdplatte nehmen und abkühlen lassen.

3 Den Rotkohl auf einem Sieb abtropfen lassen, dabei den Sud auffangen. Den Rotkohl mit dem Frischkäse, der Preiselbeerkonfitüre und dem Zitronensaft im Küchenmixer oder mit dem Stabmixer zu einer feinen Creme pürieren. So viel Sud untermixen, bis die Creme die gewünschte Konsistenz hat. Die Rotkohlcreme mit Salz und Pfeffer abschmecken.

4 Den Backofengrill einschalten. Das Baguette in Scheiben schneiden und auf dem Ofengitter im Ofen auf der mittleren Schiene rundum goldbraun rösten. Herausnehmen, mit etwas Walnussöl beträufeln und mit der Rotkohlcreme bestreichen. Mit dem restlichen Öl beträufeln und mit Sonnenblumenkernen und Petersilienblättern garnieren.

Tipp › Walnussöl ist aufgrund seiner empfindlichen Fettsäuren nicht lange lagerfähig. Kaufen Sie von dem Öl deshalb immer nur Mengen, die Sie innerhalb von 3 bis 4 Wochen aufbrauchen können.

Steckrübenschmalz
mit Äpfeln und Zwiebeln

Zutaten

500 g fetter geräucherter
Schweinespeck

500 g Gänseschmalz

300 g Steckrübe

2 große Zwiebeln

2 säuerliche Äpfel
(z. B. Boskop)

Salz

weißer Pfeffer aus der Mühle

Zubereitung

FÜR 2 GLÄSER

1 Den Speck in feine Würfel schneiden. Das Gänseschmalz in einem Topf langsam erhitzen und die Speckwürfel darin auslassen.

2 Die Steckrübe und die Zwiebeln schälen und beides in feine Würfel schneiden. Im Speck-Gänse-Fett weich dünsten.

3 Die Äpfel vierteln, schälen und entkernen. Die Viertel in etwa ½ cm große Würfel schneiden und zum Steckrübenschmalz in den Topf geben. Das Schmalz bei mittlerer Hitze etwa 5 Minuten

braten – die entstandenen Grieben sollten nur hellbraun werden.

4 Den Topf vom Herd nehmen und das Steckrübenschmalz mit Salz, reichlich Pfeffer und nach Belieben mit getrocknetem Majoran würzen.

5 Das Schmalz etwas abkühlen lassen, in zwei Twist-off-Gläser oder einen Steinguttopf gießen und abkühlen lassen. Kurz vor dem Erstarren nochmals durchrühren, damit sich Grieben, Steckrüben-, Zwiebel- und Apfelwürfel gleichmäßig verteilen. Mit den Deckeln oder mit Frischhaltefolie verschließen und kühl lagern.

Crostini mit Hähnchencreme
und Staudensellerie

Zutaten

1 Hähnchenbrustfilet (ca. 140 g)

1 EL Öl

1 Stange Staudensellerie

3 – 4 Stiele Basilikum

200 g Ricotta

1 – 2 TL grüne Currypaste

(aus dem Asienladen)

Salz · Pfeffer aus der Mühle

12 kleine Scheiben Baguette

Selleriegrün zum Garnieren

Zubereitung

FÜR 4 PERSONEN

1 Das Hähnchenbrustfilet waschen und trocken tupfen. Das Öl in einer Pfanne erhitzen und das Fleisch darin bei mittlerer Hitze auf jeder Seite 3 bis 4 Minuten braten, bis es gar ist. Das Fleisch aus der Pfanne nehmen, in kleine Würfel schneiden oder mit einer Gabel klein zupfen und auf einem Teller abkühlen lassen.

2 Den Sellerie putzen, waschen und in feine Würfel schneiden. Das Basilikum waschen und trocken schütteln, die Blätter abzupfen und fein hacken.

3 Den Ricotta in einer Schüssel mit der Currypaste und dem Basilikum glatt verrühren. Die Selleriewürfel und das Hähnchenfleisch untermischen. Die Hähnchencreme mit Salz und Pfeffer würzen.

4 Den Backofengrill einschalten. Die Baguettescheiben auf dem Gitter im Ofen auf der mittleren Schiene rundum etwa 2 bis 3 Minuten goldbraun und knusprig rösten. Herausnehmen, mit der Hähnchencreme bestreichen und mit Selleriegrün garniert servieren.

Zwiebelchutney
mit Rucola und Parmesan

*In einem Chutney zeigt sich selbst die schärfste Zwiebel von ihrer milden
Seite – Rosinen und Honig unterstreichen die süßliche Note*

Zutaten

250 g Zwiebeln

1 EL Rosinen

60 ml Weißweinessig

1 EL Honig

Salz · Chilipulver

2 Gewürznelken

1 Msp. gemahlener Piment

Pfeffer aus der Mühle

4 – 6 Scheiben Weißbrot

2 EL Olivenöl

1 Knoblauchzehe

1 Bund Rucola

ca. 40 g Parmesan

Zubereitung
FÜR 4 PERSONEN

1 Die Zwiebeln schälen, längs halbieren und in feine Streifen
schneiden. Die Rosinen klein hacken. Die Zwiebelstreifen und
die Rosinen mit dem Essig und 60 ml Wasser in einem Topf
vermischen und aufkochen. Den Honig, 1/2 TL Salz, 1 Prise
Chilipulver, die Gewürznelken und den Piment unterrühren.
Alles bei mittlerer Hitze unter Rühren etwa 20 Minuten einkochen. Das Zwiebelchutney mit Salz und Pfeffer würzen und
abkühlen lassen.

2 Den Backofengrill einschalten. Die Brotscheiben halbieren
und mit dem Olivenöl beträufeln. Auf dem Gitter im Ofen auf
der mittleren Schiene etwa 5 Minuten rundum goldbraun und
knusprig rösten. Die Knoblauchzehe schälen und halbieren,
mit den Schnittflächen die Brote einreiben.

3 Den Rucola verlesen, waschen und trocken schleudern, grobe
Stiele entfernen. Je 1 bis 2 EL Zwiebelchutney auf die Brotscheiben geben, etwas Rucola darauf verteilen und jeweils
etwas Parmesan darüberhobeln.

Tipp> Variieren Sie das Chutney, indem Sie zusätzlich
noch 1 EL gehackte Walnusskerne untermischen.
Deren feines Aroma harmoniert gut mit den Zwiebeln und den Rosinen.

Chilenischer Dip
mit Koriander und Chilis

Zutaten

4 Tomaten

je 1 rote und grüne
Paprikaschote

2 grüne Chilischoten

2 Zwiebeln

1 kleines Bund Koriander

4 EL Olivenöl

2–3 EL Weißweinessig

Saft von $1/2$ Zitrone

Salz · Pfeffer aus der Mühle

Zubereitung

FÜR 4 PERSONEN

1 Die Tomaten waschen, halbieren und entkernen. Das Fruchtfleisch in Streifen schneiden. Die Paprika- und Chilischoten längs halbieren, entkernen, waschen und in kleine Würfel schneiden. Die Zwiebeln schälen und in feine Würfel schneiden. Den Koriander waschen und trocken schütteln, die Blätter abzupfen und grob hacken.

2 Alle vorbereiteten Zutaten in einer Schüssel mit dem Olivenöl sowie je 2 EL Essig und Zitronensaft verrühren. Mit Salz und Pfeffer würzen. Den Dip etwa 10 Minuten ziehen lassen und nochmals mit Essig, Zitronensaft, Salz und Pfeffer abschmecken. Dazu passt Weißbrot.

Spinat-Joghurt-Dip
mit Steckrüben-Wedges

Zutaten

Für die Steckrüben-Wedges:

1 kg Steckrüben

4 EL Öl

Salz · Pfeffer aus der Mühle

1 TL Chiliflocken

Für den Spinat-Joghurt-Dip:

500 g junger Spinat

Salz

1 Frühlingszwiebel

3 EL gemahlene Mandeln

200 g Naturjoghurt

200 g Dickmilch

1–2 TL Apfelessig

Salz · Pfeffer aus der Mühle

Zubereitung
FÜR 4 PERSONEN

1 Für die Steckrüben-Wedges den Backofen auf 180 °C vorheizen. Die Steckrüben putzen, schälen, vierteln und in 1/2 cm dicke Scheiben schneiden. In einer Schüssel mit dem Öl mischen, mit Salz, Pfeffer und Chiliflocken würzen. Steckrübenscheiben auf einem mit Backpapier belegten Backblech verteilen und im Ofen auf der mittleren Schiene 25 bis 30 Minuten backen, zwischendurch einmal wenden.

2 Inzwischen für den Spinat-Joghurt-Dip den Spinat verlesen, waschen und grobe Stiele entfernen. Spinat in kochendem Salzwasser etwa 1 Minute blanchieren. In ein Sieb abgießen, kalt abschrecken und abtropfen lassen. Den Spinat gut ausdrücken und klein hacken. Die Frühlingszwiebel putzen, waschen und in feine Ringe schneiden. Die Mandeln in einer Pfanne ohne Fett kurz anrösten und abkühlen lassen.

3 Den Joghurt mit Dickmilch, Frühlingszwiebeln, Mandeln und Apfelessig in einer Schüssel verrühren und den Spinat untermengen. Den Dip mit Salz und Pfeffer würzen und mit den Steckrüben-Wedges und nach Belieben mit grünen Chilischotenringen servieren.

Suppen & Saucen

Rotkohlsuppe
mit geräuchertem Forellenfilet

Auch als feine Suppe kann sich der ansonsten eher rustikal servierte
Rotkohl sehen lassen und sorgt ganz sicher für eines: Farbe auf dem Teller!

Zutaten

500 g Rotkohl

Salz

100 ml Rotweinessig

2 geräucherte Forellenfilets
(aus dem Kühlregal)

1 Zwiebel

1 säuerlicher Apfel

1 Bio-Orange

1 EL Butterschmalz

1–2 EL Zucker

1 EL Orangenmarmelade

3 EL Preiselbeeren (aus
dem Glas; ersatzweise
Preiselbeerkonfitüre)

100 ml Rotwein

1/2 Zimtstange

1 Gewürznelke

1 Lorbeerblatt

1 l Hühnerbrühe

100 g Sahne

Chilipulver

1–2 EL saure Sahne

Zubereitung
FÜR 4–6 PERSONEN

1 Vom Rotkohl die äußeren Blätter entfernen, den Kohl vierteln und den harten Strunk entfernen. Den Kohl in feine Streifen hobeln oder schneiden und in einer Schüssel mit 1 TL Salz sowie dem Essig vermischen. Mit Frischhaltefolie bedecken und mindestens 5 Stunden marinieren.

2 Die Forellenfilets aus dem Kühlschrank nehmen, auf ein Brett legen und Zimmertemperatur annehmen lassen. Die Zwiebel schälen und in feine Würfel schneiden. Den Apfel vierteln, schälen und entkernen. Das Fruchtfleisch in kleine Würfel schneiden. Die Orange heiß waschen und trocken reiben, die Schale abreiben und den Saft auspressen.

3 Das Schmalz in einem Topf erhitzen, Zwiebel- und Apfelwürfel darin andünsten. Den Rotkohl dazugeben und kurz mitdünsten. Mit Zucker bestreuen, karamellisieren und mit Orangensaft ablöschen. Die Orangenmarmelade und 2 EL Preiselbeeren dazugeben und mit dem Wein ablöschen. Orangenschale, Zimtstange, Gewürznelke und Lorbeerblatt in ein Gewürzsäckchen oder einen Einwegteebeutel füllen und in den Topf geben. Mit der Brühe aufgießen und den Kohl zugedeckt bei mittlerer Hitze etwa 30 Minuten weich garen.

4 Das Gewürzsäckchen wieder entfernen. Die Suppe im Küchenmixer oder mit dem Stabmixer pürieren und nach Belieben durch ein feines Sieb streichen. Die Sahne dazugeben, die Suppe nochmals aufkochen lassen und mit dem Stabmixer kurz aufmixen.

5 Die Forellenfilets in Stücke zupfen und auf tiefe Teller verteilen. Die Rotkohlsuppe mit Salz und Chilipulver abschmecken und um die Filets gießen. Mit den restlichen Preiselbeeren und 1 Klecks saurer Sahne garnieren.

Erbsenschaumsuppe
mit Parmaschinken

Zutaten

¹/₂ Bund Thymian

200 g Sahne

¹/₂ l Hühnerbrühe

500 g Erbsen (tiefgekühlt)

Salz · Pfeffer aus der Mühle

200 g Parmaschinken

(in Scheiben)

400 ml Milch

Zubereitung
FÜR 4 PERSONEN

1 Den Thymian waschen und trocken schütteln. Sahne, Brühe, Thymian und Erbsen in einem Topf 5 Minuten köcheln lassen.

2 Den Thymian entfernen und die Suppe mit dem Stabmixer oder im Küchenmixer pürieren und durch ein feines Sieb streichen. Mit nur wenig Salz und Pfeffer würzen (mit dem Parmaschinken kommt zusätzlich noch Salz in die Suppe).

3 Den Parmaschinken in feine Würfel schneiden und in der Milch aufkochen. Die Milch in ein

Sieb abgießen und in einem hohen Rührbecher auffangen. Den Schinken in die Suppe geben.

4 Die Milch mit dem Stabmixer oder Milchschäumer aufschäumen. Die Erbsensuppe in Tassen oder tiefe Teller verteilen und jeweils etwas Milchschaum daraufgeben. Nach Belieben jeweils mit 1 kross gebratenen Scheibe Parmaschinken servieren. Dazu passt Bauernbrot.

Gurkensuppe
mit Lachs

Zutaten

2 Zwiebeln

6 kleine Gärtnergurken (ersatzweise 2 Salatgurken)

4 EL Sesamöl

50 ml trockener Weißwein

1 l Gemüsebrühe

6 Stiele Dill

Saft von 1 Zitrone

60 g Sahne oder Sojasahne

300 g geräucherter Lachs

4 Scheiben Vollkorntoast

Zubereitung

FÜR 4 PERSONEN

1 Die Zwiebeln und die Gurken schälen und in kleine Würfel schneiden. Falls Salatgurken verwendet werden, diese zunächst längs halbieren und mit einem Teelöffel entkernen.

2 Das Sesamöl in einem Topf erhitzen und die Zwiebel- mit den Gurkenstücken darin andünsten. Mit dem Wein ablöschen und die Brühe angießen. Die Suppe mit geschlossenem Deckel bei schwacher bis mittlerer Hitze etwa 10 Minuten köcheln lassen.

3 Den Dill waschen und trocken schütteln, die Spitzen abzupfen. Mit dem Zitronensaft und der Sahne oder Sojasahne in den Topf geben und die Suppe mit dem Stabmixer nach Belieben fein oder stückig pürieren.

4 Den Lachs in kleine Würfel schneiden. Die Suppe in tiefen Tellern anrichten und mit den Lachswürfeln bestreuen. Die Toastbrotscheiben leicht rösten und dazu servieren.

Steinpilzsuppe
mit Parmesan-Knusperbrot

Im Spätsommer liegen Sie mit dieser Suppe richtig: Gemüse sowie Kräuter sind noch regional verfügbar und Steinpilze haben Hochsaison

Zutaten

Für die Suppe:

300 g Steinpilze

2 Zweige Rosmarin

2 Schalotten

je 100 g Zucchini und Möhren

1 EL Olivenöl

Salz · Pfeffer aus der Mühle

1/2 l Hühnerbrühe

je 1 TL gehackte Petersilie und Kerbel

1 TL Schnittlauchröllchen

Für das Knusperbrot:

4 Scheiben Ciabatta (ital. Weißbrot)

1 EL Olivenöl

30 g geriebener Parmesan

Zubereitung

FÜR 4 PERSONEN

1 Für die Suppe die Steinpilze putzen, trocken abreiben und in Scheiben schneiden. Den Rosmarin waschen und trocken schütteln. Die Schalotten schälen, längs halbieren und in dünne Streifen schneiden. Die Zucchini putzen und waschen. Die Möhren putzen und schälen. Beides in feine Streifen schneiden.

2 Das Olivenöl in einer tiefen Pfanne erhitzen und die Pilze mit den Schalottenstreifen darin andünsten. Den Rosmarin dazugeben, die Pilze mit Salz und Pfeffer würzen und bei mittlerer Hitze etwa 10 Minuten garen. Die Brühe und die Gemüsestreifen hinzufügen und die Suppe aufkochen lassen. Mit Salz und Pfeffer würzen und die Kräuter untermischen.

3 Für das Knusperbrot den Backofengrill einschalten und ein Backblech mit Backpapier auslegen. Die Ciabattascheiben mit Olivenöl bestreichen und mit dem Parmesan bestreuen. Die Brotscheiben auf das Blech legen und unter dem Backofengrill auf der mittleren Schiene goldbraun rösten.

4 Den Rosmarin aus der Suppe nehmen. Die Steinpilzsuppe auf tiefe Teller verteilen und nach Belieben mit Petersilie garnieren. Das Parmesan-Knusperbrot zur Suppe servieren.

Tipp › Anstelle der Hühnerbrühe können Sie natürlich auch Gemüsebrühe oder einen Gemüsefond verwenden – dieser lässt sich aus Gemüseresten auch schnell selbst zubereiten bzw. auskochen.

Gemüsesuppe
mit Nudeln und Koriander

Löffel für Löffel knackige Frische: Gemüse sorgt für den Biss und gerösteter Knoblauch für die unnachahmliche Würze

Zutaten

2 Knoblauchzehen

2 TL Öl

300 g grüne Bohnen (frisch oder tiefgekühlt)

3 Frühlingszwiebeln

100 g Reis- oder Fadennudeln

Salz

1 Handvoll frische Sojabohnensprossen

3/4 l Fleisch- oder Gemüsebrühe

1 – 2 EL helle Sojasauce

1 – 2 EL Limetten- oder Zitronensaft

1 EL Sesamöl

Pfeffer aus der Mühle

2 EL Korianderblätter

Zubereitung

FÜR 4 PERSONEN

1 Die Knoblauchzehen schälen und in feine Würfel oder dünne Scheiben schneiden. Das Öl in einer Pfanne erhitzen und den Knoblauch darin goldgelb braten.

2 Frische Bohnen putzen und waschen, tiefgekühlte Bohnen im Kühlschrank antauen lassen. Die Bohnen schräg in etwa 2 cm breite Stücke schneiden. Die Frühlingszwiebeln putzen, waschen und schräg in 1 cm lange Stücke schneiden.

3 Die Nudeln in reichlich kochendem Salzwasser nach Packungsanweisung garen. Auf einem Sieb abtropfen lassen und warm halten. In kochendem Wasser die Bohnen zunächst 10 Minuten garen, die Sojabohnensprossen hinzufügen und beides zusammen noch 1 Minute garen. Bohnen und Sprossen in ein Sieb abgießen, kalt abschrecken und abtropfen lassen. Die Brühe in einem Topf aufkochen.

4 Die Nudeln mit Frühlingszwiebeln, Bohnen und Sprossen auf tiefe Teller oder Schälchen verteilen. Die Brühe mit Sojasauce, Limetten- oder Zitronensaft, Sesamöl, Salz und Pfeffer abschmecken. Auf die Zutaten in den Tellern oder Schälchen gießen und die Suppe mit geröstetem Knoblauch und Korianderblättern bestreuen.

Tipp> Gerösteter Knoblauch gibt der Suppe eine kräftige Geschmacksnote. Man sollte allerdings darauf achten, ihn nicht zu stark und dunkel zu rösten, da er dann bitter schmeckt.

Feurige Paprikacremesuppe
mit Tofuwürfeln

Zutaten

6 kleine rote Paprikaschoten

4 Zwiebeln

2 Möhren

4 TL Sesamöl

3 – 4 TL Paprikapulver (edelsüß oder rosenscharf)

160 g rote Linsen

800 ml Gemüsebrühe

6 EL Sahne oder Sojasahne

Salz · Pfeffer aus der Mühle

4 TL Zitronensaft

4 EL Schnittlauchröllchen

240 g Tofu

4 EL Sojasauce

Zubereitung

FÜR 4 PERSONEN

1 Die Paprikaschoten längs halbieren, entkernen und waschen. Die Zwiebeln schälen, die Möhren putzen und schälen. Das Gemüse in kleine Stücke schneiden.

2 In einem Topf 2 TL Sesamöl erhitzen und das Gemüse darin andünsten. Das Paprikapulver und die Linsen dazugeben und mit der Brühe ablöschen. Die Suppe aufkochen und mit geschlossenem Deckel bei mittlerer Hitze 10 Minuten köcheln lassen, dann mit dem Stabmixer fein pürieren.

3 Die Sahne oder Sojasahne unterrühren und die Paprikacremesuppe mit Salz, Pfeffer und Zitronensaft würzig abschmecken. Die Schnittlauchröllchen unterrühren.

4 Den Tofu waschen, trocken tupfen und in mundgerechte Würfel schneiden. Das restliche Sesamöl in einer Pfanne erhitzen und die Tofuwürfel darin rundum knusprig anbraten. Mit der Sojasauce ablöschen.

5 Die Suppe in tiefen Tellern anrichten und mit den gebratenen Tofuwürfeln bestreuen.

Möhrensuppe
mit Apfel und Ingwer

Zutaten

300 g Möhren

1 Zwiebel

1 Tomate

2 TL Puderzucker

800 ml Gemüsebrühe

1 Knoblauchzehe

1 rotschaliger Apfel

1 TL gehackter Ingwer

$1/2$ – 1 TL mildes Currypulver

je 1 TL Koriander- und schwarze

Pfefferkörner

$1/2$ TL zerstoßene Zimtstange

200 g Sahne

4 EL kalte Butter

Zubereitung

FÜR 4 PERSONEN

1 Die Möhren und die Zwiebel schälen und klein schneiden. Die Tomate waschen und klein schneiden, dabei den Stielansatz entfernen. In einem Topf 1 TL Puderzucker bei schwacher Hitze hell karamellisieren, das Gemüse hinzufügen und kurz andünsten. Die Brühe angießen und das Gemüse mit geschlossenem Deckel bei schwacher Hitze etwa 20 Minuten garen.

2 Den Knoblauch schälen und halbieren. Den Apfel waschen, vierteln, entkernen und den Apfel in dünne Spalten schneiden. Zwei Apfel-spalten schälen, klein schneiden und mit Ingwer, Knoblauch und Currypulver in die Suppe geben. Koriander, Pfeffer und Zimt in eine Gewürzmühle füllen und die Suppe damit würzen. Sahne und 3 EL Butter dazugeben. Suppe mit dem Stabmixer pürieren.

3 Den restlichen Puderzucker in einer Pfanne bei mittlerer Hitze hell karamellisieren. Die übrige Butter hinzufügen. Die Apfelspalten darin rundum anbraten. Die Suppe mit dem Stabmixer aufschäumen, in Suppentellern oder -tassen anrichten und mit den gebratenen Apfelspalten garnieren.

Minestrone
mit Basilikumpesto

*Vitamine und Mineralstoffe satt liefert der italienische Eintopfklassiker,
denn sein Motto lautet: »Einmal quer durchs Gemüsebeet!«*

Zutaten

300 g Blumenkohl oder
Romanesco

1 Bund Frühlingszwiebeln

12 Lasagneblätter

2 Knoblauchzehen

1/2 Bund Thymian

500 g grüner Spargel

12 Cocktailtomaten

2 grüne oder gelbe Zucchini

100 g dicke Bohnen (gepalt
und tiefgekühlt)

1 l Gemüse- oder Hühnerbrühe

100 g Erbsen (tiefgekühlt)

Salz · Pfeffer aus der Mühle

100 g Ricotta

100 g Pesto (aus dem Glas)

Zubereitung

FÜR 4 PERSONEN

1 Den Blumenkohl putzen, waschen und in Röschen teilen. Die
Frühlingszwiebeln putzen, waschen und in 3 cm große Stücke
schneiden. Die Lasagneblätter halbieren. Den Knoblauch
schälen und fein hacken. Den Thymian waschen und trocken
schütteln.

2 Den Spargel waschen und im unteren Drittel schälen, die
holzigen Enden abschneiden. Die Spargelstangen in 3 cm
große Stücke schneiden. Die Cocktailtomaten waschen und
falls nötig halbieren. Die Zucchini putzen, waschen und in
mundgerechte Stücke schneiden.

3 Blumenkohl, Frühlingszwiebeln, Lasagneblätter, Knoblauch,
Thymian, Bohnen und Brühe in einem Topf mit geschlossenem
Deckel 6 Minuten köcheln lassen.

4 Spargel, Cocktailtomaten, Zucchini und Erbsen dazugeben
und alles weitere 8 Minuten garen. Den Thymian herausnehmen und den Eintopf mit Salz und Pfeffer abschmecken.

5 Die Minestrone in tiefe Teller verteilen und mit jeweils
1 Klecks Ricotta und Pesto garnieren. Nach Belieben noch
1 Schuss Olivenöl darübergeben.

Tipp › Sie können das Pesto natürlich auch aus Basilikum,
Pinienkernen, Parmesan, Knoblauch und Olivenöl
im Mörser (das dauert etwas länger) oder mit dem
Stabmixer selbst zubereiten.

Kartoffel-Lauch-Cappuccino
mit Muskatnuss

Zutaten

1 Kartoffel (ca. 150 g)

1 kleine Zwiebel

1 kleine Stange Lauch

3 EL Olivenöl

1 l Gemüsebrühe

Salz · Pfeffer aus der Mühle

frisch geriebene Muskatnuss

200 ml Milch

Zubereitung

FÜR 4 PERSONEN

1 Die Kartoffel schälen, waschen und in kleine Würfel schneiden. Die Zwiebel schälen und in feine Würfel schneiden. Die Lauchstange putzen, waschen und in feine Ringe schneiden.

2 Das Olivenöl in einem Topf erhitzen und die Zwiebelwürfel darin bei mittlerer Hitze andünsten. Die Brühe dazugießen und aufkochen lassen. Die Kartoffelwürfel dazugeben und alles mit geschlossenem Deckel bei schwacher Hitze etwa 30 Minuten köcheln lassen.

3 Die Lauchringe hinzufügen und die Brühe 5 Minuten weiterköcheln lassen. Die Kartoffel-Lauch-Suppe mit Salz, Pfeffer und 1 Prise Muskatnuss abschmecken und mit dem Stabmixer fein pürieren.

4 Die Milch erhitzen und mit dem Stabmixer oder Milchschäumer aufschäumen. Die Suppe auf Tassen verteilen und jeweils mit einem Häubchen Milchschaum garnieren. Den Kartoffel-Lauch-Cappuccino nach Belieben mit etwas geriebener Muskatnuss bestreut servieren.

Grünkohlcremesuppe
mit Hähnchen-Brot-Spießen

Zutaten

Für die Grünkohlcremesuppe:

1 kg Grünkohl · 1 große Zwiebel
2 EL Öl · Salz · Pfeffer aus der
Mühle · 2 TL frische Majoran-
blättchen · 1 Petersilienwurzel
1 feste Mettwurst · 1 l Hühnerbrühe · 200 g Sahne
150 g Crème fraîche

Für die Hähnchen-Brot-Spieße:

1 Hähnchenbrustfilet (ca. 250 g)
200 g Graubrot (in Würfel
geschnitten; vom Vortag)
2 EL Öl
je 1 TL gehackter Rosmarin
und Thymian

Zubereitung
FÜR 4 PERSONEN

1 Für die Suppe den Kohl putzen, waschen und klein hacken. Die Zwiebel schälen und fein würfeln. Das Öl in einem Topf erhitzen, die Zwiebel andünsten und den Kohl hinzufügen. Mit Salz, Pfeffer sowie dem Majoran würzen und garen, bis der Kohl zusammengefallen ist.

2 Die Petersilienwurzel putzen, schälen, klein schneiden und zum Kohl geben. Die Wurst längs halbieren und darauflegen. Die Brühe angießen und alles mit geschlossenem Deckel etwa 30 Minuten köcheln lassen.

3 Für die Spieße das Fleisch waschen, trocken tupfen und in Stücke schneiden. Abwechselnd mit Brotwürfeln auf Spieße stecken. Das Öl in einer Pfanne erhitzen und die Spieße mit den Kräutern rundum 8 Minuten hellbraun braten.

4 Die Suppe vom Herd nehmen, die Wurst entfernen (sie kann in Stücken später in die Suppe gegeben werden). Sahne und Crème fraîche dazugeben, die Suppe mit dem Stabmixer pürieren und durch ein Sieb streichen. Mit Salz und Pfeffer abschmecken, in Suppentassen verteilen und mit den Spießen servieren. Nach Belieben mit 1 Klecks Milchschaum garnieren.

Wurzelgemüse-Rahmsuppe
mit Rostbratwürstchen

*Damit Bratwürstchen bei einem Festessen dabei sein dürfen, müssen sie
sich etwas einfallen lassen – etwa mit einer feinen Suppe anbandeln*

Zutaten

1 Zwiebel

100 g Knollensellerie

1 Möhre

50 g Lauch

70 ml Weißwein

$1/2$ l Gemüsebrühe

1 – 2 Lorbeerblätter

2 EL Pfefferkörner

1 EL Korianderkörner

$1/2$ TL Pimentkörner

2 Wacholderbeeren

1 TL Butter

80 g Sahne

2 TL Sahnemeerrettich

(aus dem Glas)

20 g kalte Butter

Salz · mildes Chilipulver

1 – 2 EL Öl

12 Nürnberger Rostbrat-

würstchen

Zubereitung

FÜR 4 PERSONEN

1 Die Zwiebel schälen, den Sellerie und die Möhre putzen und schälen. Alles in 6 bis 8 cm lange, dünne Streifen schneiden. Den Lauch putzen und waschen, zunächst in 6 bis 8 cm lange Stücke, dann in dünne Streifen schneiden.

2 Zwiebel-, Sellerie- und Möhrenstreifen in einem Topf bei schwacher Hitze ohne Fett kurz andünsten und mit dem Wein ablöschen. Den Wein einköcheln lassen, dann die Brühe angießen. Die Lorbeerblätter dazugeben. 1 TL Pfeffer-, $1/2$ TL Koriander- und die Pimentkörner sowie die Wacholderbeeren in ein Gewürzsäckchen füllen und hinzufügen. Die Suppe knapp unter dem Siedepunkt 20 Minuten ziehen lassen. Das Gewürzsäckchen entfernen.

3 Die Butter in einer Pfanne erhitzen. Die Hälfte der Gemüsestreifen mit dem Schaumlöffel aus der Suppe nehmen und mit den Lauchstreifen bei milder Hitze in der Butter andünsten. Die restlichen Pfeffer- und Korianderkörner in eine Gewürzmühle füllen und das Gemüse damit würzen. Sahne und Sahnemeerrettich dazugeben, die Suppe mit dem Stabmixer aufschäumen und die kalte Butter untermixen. Mit Salz und Chilipulver abschmecken.

4 Das Öl in einer Pfanne erhitzen und die Rostbratwürstchen darin rundum hellbraun braten. Die Bratwürstchen in etwa 2 cm große Stücke schneiden. Die Suppe in Suppenteller oder -tassen verteilen und die Gemüsestreifen sowie die Wurststücke darauf anrichten.

Tipp › Wenn Kinder mitessen, ersetzen Sie den Wein einfach durch Gemüsebrühe. Kein Gewürzsäckchen zur Hand? Dann können Sie auch ein Tee-Ei verwenden oder einen (Einweg-)Teebeutel zuschnüren.

Paprika-Rouille
und Kapern-Remoulade

Zutaten

Für die Rouille (ca. 200 g):

1 rote Paprikaschote

1 gegarte Kartoffel

1 Knoblauchzehe (gehackt)

½ TL Senf · einige Safranfäden

2 EL Mayonnaise · 3 EL Olivenöl

Salz · Chilipulver

Für die Remoulade (ca. 250 g):

je 100 g Crème fraîche und

Mayonnaise · 1 hart gekochtes Ei

4 Sardellenfilets · 2 TL Kapern

1 Essiggurke · 3 Stiele Petersilie

1 TL Senf · 1–2 TL Essig

Worcestershiresauce

Salz · Zucker · Chilipulver

Zubereitung
FÜR 4 PERSONEN

1 Für die Rouille den Backofengrill einschalten. Paprika längs halbieren, entkernen und waschen. Paprikahälften unter dem Backofengrill auf der obersten Schiene etwa 8 Minuten garen, bis die Haut dunkel wird und Blasen wirft. Mit einem feuchten Tuch bedecken, abkühlen lassen und häuten. Kartoffel pellen. Paprika sowie Kartoffel in kleine Würfel schneiden und in einer Schüssel mit Knoblauch, Senf, Safranfäden, Mayonnaise und Olivenöl verrühren. Mit Salz und Chilipulver abschmecken.

2 Für die Remoulade die Crème fraîche mit der Mayonnaise in einer Schüssel verrühren. Das Ei pellen und ebenso wie die Sardellen, Kapern und Essiggurke fein hacken. Petersilie waschen und trocken schütteln, die Blätter abzupfen und fein hacken. Gehackte Zutaten mit Senf, Essig und einigen Tropfen Worcestershiresauce unter die Mayonnaisemischung rühren. Die Remoulade mit Salz, 1 Prise Zucker und Chilipulver abschmecken.

3 Rouille und Remoulade passen sehr gut zu gebratenem oder gegrilltem Fisch und Fleisch, aber auch zu Kartoffeln sowie Gemüse.

Tomatenketchup
mit Gemüse und Basilikum

Zutaten

1 kleine rote Paprikaschote

1 Möhre · 1 Staudensellerie

100 g getrocknete Tomaten

(in Öl) · 3–4 TL gehackter

Thymian

12 Basilikumblätter

280 g rote Zwiebeln · 2 EL Öl

2 Knoblauchzehen

1,6 kg geschälte Tomaten

(aus der Dose) · 200 ml Rotwein-

essig · 80 g brauner Zucker

3 Lorbeerblätter

1 1/2 TL Paprikapulver (edelsüß)

1 Msp. Chilipulver

1/2 TL getrockneter Oregano

Zubereitung

FÜR 2–3 FLASCHEN À 250 ML

1 Die Paprika längs halbieren, entkernen und waschen. Die Möhre putzen und schälen. Den Sellerie putzen und waschen. Das Gemüse in kleine Würfel schneiden. Die getrockneten Tomaten abtropfen lassen und klein schneiden. Die Kräuter waschen und trocken tupfen.

2 Zwiebeln schälen, in feine Würfel schneiden und in einem großen Topf im Öl andünsten. Knoblauch schälen und durch die Presse dazudrücken. Dosentomaten grob hacken und samt Saft in den Topf geben. Gemüse, getrocknete Tomaten, Kräuter und Essig hinzufügen und alles bei mittlerer Hitze unter Rühren köcheln lassen, bis die Flüssigkeit fast verdampft ist.

3 Den Zucker in einem Topf erwärmen und die Tomatenmischung durch ein feines Sieb dazustreichen. Die restlichen Gewürze hinzufügen und alles bei mittlerer Hitze unter Rühren dick einkochen lassen. Backofen auf 200 °C vorheizen. Lorbeerblätter entfernen. Das Ketchup nach Belieben mit Salz würzen, in sterilisierte Flaschen füllen, verschließen. Eine Auflaufform zur Hälfte mit Wasser füllen und das Ketchup im Ofen im Wasserbad 30 Minuten einkochen.

Gemüsebolognese
mit Oliven und Kapern

Heute gibt's Pasta – basta! Denn wer Geschmack an der vegetarischen Bolognese gefunden hat, kommt kaum um Spaghetti und Co. herum

Zutaten

1 Zwiebel

1 Knoblauchzehe

je 2 rote und gelbe Paprikaschoten

1 Zucchino (ca. 200 g)

1 Möhre

2 EL Olivenöl

100 ml Rotwein oder Gemüsebrühe

400 g passierte Tomaten (aus der Dose)

1 EL Kapern

50 g gemischte Oliven (ohne Stein)

2–3 Stiele Basilikum

Salz · Pfeffer aus der Mühle

Zucker · Chilipulver

Zubereitung

FÜR 4 PERSONEN

1 Die Zwiebel und den Knoblauch schälen. Die Paprikaschoten längs halbieren, entkernen und waschen. Den Zucchino putzen und waschen, nach Belieben auch schälen. Die Möhre putzen und schälen. Alle vorbereiteten Zutaten in kleine Würfel schneiden.

2 Das Olivenöl in einem Topf erhitzen und die Gemüsewürfel darin bei mittlerer Hitze 2 bis 3 Minuten rundum anbraten. Mit dem Wein oder der Brühe ablöschen und die Tomaten untermischen. Die Sauce unter gelegentlichem Rühren etwa 10 Minuten köcheln lassen.

3 Die Kapern und die Oliven fein hacken. Das Basilikum waschen und trocken schütteln, die Blätter abzupfen und fein schneiden. Kapern, Oliven und Basilikum unter die Sauce rühren. Mit Salz, Pfeffer sowie je 1 Prise Zucker und Chilipulver würzen. Die Gemüsebolognese klassisch zu Nudeln servieren, sie schmeckt aber auch zu Reis sehr gut.

Tipp › Einer klassischen Bolognese noch ähnlicher wird die vegetarische Variante, wenn Sie in kleine Würfel geschnittenen Räuchertofu mitgaren und die Sauce am Schluss eventuell noch grob pürieren.

Spirelli mit Spinatsauce
und Hähnchenbrustfilet

Eine Handvoll Spinatblätter ist die Basis für ein ansonsten klassisch zubereitetes Pesto, das mit Ricotta zur cremigen Sauce verschmilzt

Zutaten

4 EL Pinienkerne

150 g junger Spinat

1 Knoblauchzehe

1–2 EL Zitronensaft

60–80 ml Olivenöl

Salz · Pfeffer aus der Mühle

400 g Spirelli (Spiralnudeln)

350 g Hähnchenbrustfilet

1 EL Öl

200 g Ricotta

ca. 100 ml Hühnerbrühe

Zubereitung
FÜR 4 PERSONEN

1 Die Pinienkerne in einer Pfanne ohne Fett anrösten und abkühlen lassen. Den Spinat verlesen, waschen und trocken schleudern. Den Knoblauch schälen.

2 Die Hälfte des Spinats mit den Pinienkernen, dem Knoblauch und 1 EL Zitronensaft in einem hohen Rührbecher mit dem Stabmixer fein pürieren. Dabei nach und nach so viel Olivenöl untermixen, bis ein cremiges Pesto entstanden ist. Das Pesto mit Salz und Pfeffer würzen.

3 Die Spirelli in reichlich kochendem Salzwasser nach Packungsanweisung bissfest garen.

4 Inzwischen das Hähnchenbrustfilet waschen, trocken tupfen und in 1 bis 2 cm große Würfel schneiden. Das Öl in einer großen Pfanne erhitzen und die Fleischwürfel darin bei mittlerer Hitze 5 bis 6 Minuten rundum hellbraun braten. Den Ricotta, die Brühe und das Spinatpesto hinzufügen und unter das Fleisch rühren. Die Sauce mit Salz, Pfeffer und Zitronensaft abschmecken.

5 Die Nudeln in ein Sieb abgießen und auf tiefen Tellern anrichten. Die Spinatsauce darauf verteilen und mit den restlichen Spinatblättern garnieren.

Tipp › Sollte Ihnen die Spinatsauce zu sämig sein, rühren Sie zum Verdünnen am Ende der Garzeit einfach 2 bis 3 EL Nudelkochwasser darunter.

Tomaten-Pesto und
Petersilien-Pesto

Zutaten

Für das Tomaten-Pesto:

70 g getrocknete Tomaten (in Öl)

1 rote Chilischote

2 Knoblauchzehen · 30 g Mandeln

50 g Parmesan · 60 ml Olivenöl

Salz · Pfeffer aus der Mühle

1 EL Aceto balsamico

Für das Petersilien-Pesto:

20 g getrocknete Mischpilze

1 EL Aceto balsamico

1 Knoblauchzehe

1 großes Bund Petersilie

50 g Haselnüsse · 100 ml Nussöl

1 EL Zitronensaft · 50 g Pecorino

Salz · Pfeffer aus der Mühle

Zubereitung
FÜR JEWEILS 4 PERSONEN

1 Für das Tomaten-Pesto die Tomaten abgießen, dabei das Öl auffangen. Die Chilischote längs halbieren, entkernen und waschen. Den Knoblauch schälen. Tomaten, Chili und Knoblauch zunächst grob schneiden, dann mit 2 bis 3 EL Tomatenöl und den Mandeln im Küchenmixer oder mit dem Stabmixer fein pürieren. Den Parmesan reiben und mit dem Olivenöl unter die Tomatenmasse rühren. Das Pesto mit Salz, Pfeffer und Essig abschmecken. In ein Schälchen füllen und zu Pasta servieren.

2 Für das Petersilien-Pesto die Pilze in einem Topf in 100 ml heißem Wasser 20 Minuten einweichen. Aufkochen und die Flüssigkeit bei mittlerer Hitze fast vollständig einkochen lassen. Essig unterrühren und einkochen lassen. Die Pilze lauwarm abkühlen lassen. Den Knoblauch schälen. Petersilie waschen und trocken schütteln. Die Blätter abzupfen und mit Knoblauch, Pilzen, Nüssen, etwas Öl und Zitronensaft im Küchenmixer oder mit dem Stabmixer fein pürieren. Pecorino reiben und mit dem restlichen Öl unterrühren. Das Pesto mit Salz und Pfeffer abschmecken. Zu Pasta servieren.

Spaghetti mit Paprika-Chili-Pesto
und Basilikum

Zutaten

je 1 rote und gelbe Paprikaschote

2 Tomaten

40 g Pinienkerne

500 g Spaghetti

Salz

1 Knoblauchzehe

ca. 80 ml Olivenöl

4 EL geriebener Parmesan

1–2 TL Zitronensaft

Chilipulver

Basilikumblätter zum Garnieren

Zubereitung
FÜR 6 PERSONEN

1 Den Backofengrill einschalten. Die Paprika-schoten längs vierteln, entkernen und wa-schen. Die Paprikaviertel unter dem Grill auf der obersten Schiene etwa 8 Minuten garen, bis die Haut dunkel wird und Blasen wirft. Die Paprikaschoten mit einem feuchten Tuch bede-cken und abkühlen lassen. Die Schoten häuten.

2 Die Tomaten waschen, vierteln und entkernen. Die Pinienkerne in einer Pfanne ohne Fett an-rösten und abkühlen lassen.

3 Die Nudeln in reichlich kochendem Salzwasser nach Packungsanweisung bissfest garen.

4 Inzwischen den Knoblauch schälen und mit Paprika, Tomaten und Pinienkernen im Küchen-mixer oder mit dem Stabmixer fein pürieren. Dabei nach und nach so viel Öl dazugießen, bis ein sämiges Pesto entstanden ist. 2 EL Parme-san unterrühren und das Pesto mit Zitronen-saft, Salz und Chilipulver würzen.

5 Die Nudeln in ein Sieb abgießen, abtropfen las-sen und mit dem Pesto vermischen. Mit Parme-san und Basilikum bestreut servieren.

Gemüse
aus der Pfanne

Quesadillas
mit Mais-Paprika-Füllung

*Fingerfood auf mexikanische Art steht ruck, zuck auch zu Hause auf
dem Tisch und verführt selbst Gemüsemuffel zum Zugreifen*

Zutaten

2 rote Paprikaschoten

1 rote Chilischote

4 Frühlingszwiebeln

1 EL Öl

1 Avocado

150 g Maiskörner

(aus der Dose)

1 Bund Koriander

4 große Weizen-Tortillas

(Fertigprodukt; 25–30 cm

Durchmesser)

250 g geriebener Käse

(z. B. Gouda oder Cheddar)

Chilipulver zum Bestreuen

Zubereitung
FÜR 4 PERSONEN

1 Die Paprikaschoten und die Chilischote längs halbieren, entkernen und waschen. Die Paprikaschoten in kleine Würfel schneiden, die Chilischote fein hacken. Die Frühlingszwiebeln putzen, waschen und in feine Ringe schneiden. Das Öl in einer Pfanne erhitzen, die Paprikawürfel mit der Chilischote und den Frühlingszwiebeln darin etwa 2 Minuten braten.

2 Die Avocado halbieren und den Stein entfernen. Die Avocadohälften schälen und das Fruchtfleisch in mundgerechte Würfel schneiden. Den Mais in ein Sieb abgießen, kalt abbrausen und gut abtropfen lassen. Den Koriander waschen und trocken schütteln, die Blätter abzupfen und grob hacken.

3 Eine Grillpfanne ohne Fett erhitzen. Die Tortillas jeweils zur Hälfte mit dem gebratenen Gemüse, Avocadostücken und Mais belegen. Den geriebenen Käse sowie die Hälfte des Korianders auf der Gemüsefüllung verteilen und jeweils die unbelegte Fladenhälfte darüberklappen.

4 Die Tortillas nacheinander in der Pfanne auf beiden Seiten etwa 2 Minuten braten, bis sie knusprig sind und der Käse zerlaufen ist. Die Quesadillas aus der Pfanne nehmen und in der Mitte durchschneiden. Die Quesadillas stapeln oder je 2 Tortilla-Ecken pro Person auf einem Teller anrichten. Mit dem restlichen Koriander und Chilipulver bestreuen. Dazu passt ein Joghurtdip.

Tipp › Die Quesadillas sind im Sommer auch eine willkommene Abwechslung auf dem Gartengrill: Die gefüllten Fladen in ein zusammenklappbares Grillgitter legen und beidseitig bräunen.

Maisküchle
mit Cornflakes

Zutaten

500 g Maiskörner (aus der Dose)

180 ml Milch

Salz · Pfeffer aus der Mühle

60 g Cornflakes

60 g Mehl

2 EL Speisestärke

2 Eier

2 EL Butterschmalz

Zubereitung

FÜR 4 PERSONEN

1 Den Mais in ein Sieb abgießen, kalt abbrausen, gut abtropfen lassen und grob hacken. Die Milch in einem Topf aufkochen und mit Salz sowie Pfeffer würzen. Die Cornflakes in einer Schüssel mit der heißen Milch übergießen und etwa 5 Minuten einweichen.

2 Mehl, Speisestärke, Eier und Mais unter die Cornflakes mischen. Es sollte eine weiche, aber dennoch gut formbare Masse entstehen, bei Bedarf noch etwas Mehl untermischen. Die Masse mit Salz und Pfeffer würzen.

3 Das Butterschmalz in einer Pfanne erhitzen. Mit einem Esslöffel kleine Portionen von der Maismasse abstechen, etwas flach drücken und in der Pfanne bei mittlerer Hitze auf jeder Seite 4 bis 5 Minuten goldbraun braten.

4 Die Maisküchle passen als Beilage zu Fleisch, sind mit einem Tomaten- oder Joghurtdip (z.B. siehe S. 108) aber auch ein eigenständiges kleines Gericht.

Zwiebelbällchen
mit Chili und Koriander

Zutaten

2 Zwiebeln

2 grüne Chilischoten

1 TL Kreuzkümmelsamen

1/2 TL Chilipulver

2 EL gehackter Koriander

3 EL Zitronensaft

70 g Kichererbsenmehl (aus dem
Asien- oder Bioladen)

Salz

Öl zum Frittieren

Zubereitung
FÜR 4 PERSONEN

1 Die Zwiebeln schälen und in sehr dünne Ringe
schneiden. Die Chilischoten längs halbieren,
entkernen, waschen und in sehr feine Würfel
schneiden. Die Kreuzkümmelsamen im Mörser
grob zerstoßen.

2 Die Zwiebelringe mit Chilistücken, Chilipulver,
Koriander, Zitronensaft und Kreuzkümmel
vermischen. Das Kichererbsenmehl mit 1 Prise
Salz und 2 EL Wasser unter die Zwiebelmi-
schung rühren und etwa 5 Minuten quellen
lassen. Den Backofen auf 70 °C vorheizen.

3 Zum Frittieren in eine tiefe Pfanne etwa 2 cm
hoch Öl gießen und erhitzen. Das Öl ist heiß
genug, wenn sich an einem hineingehaltenen
Holzlöffelstiel Blasen bilden. Mit einem Teelöffel jeweils etwas Zwiebelmasse abstechen und
mithilfe eines zweiten Teelöffels zu kleinen
Bällchen formen.

4 Die Zwiebelbällchen portionsweise im heißen Öl
rundum goldbraun frittieren. Mit dem Schaumlöffel herausheben und auf Küchenpapier abtropfen lassen. Die Bällchen auf einem Teller im
Backofen warm halten, bis alle frittiert sind.
Dazu passt ein Joghurtdip (z.B. siehe S. 108).

Zucchinipuffer
mit Schafskäsedip

Knuspriges aus der Pfanne: Wenn diese deftigen Gemüsepuffer auf den Tisch kommen, wird das Urlaubsfeeling gleich mitserviert

Zutaten

Für die Zucchinipuffer:

1 kg Zucchini

Salz

3 Frühlingszwiebeln

je 1 Bund Petersilie und Dill

5 EL Mehl

3 Eier

Pfeffer aus der Mühle

ca. 100 ml Öl zum Braten

Für den Schafskäsedip:

100 g Schafskäse (Feta)

200 g griechischer Joghurt

3 Zweige Minze

1/2 TL abgeriebene Bio-Zitronenschale

Salz · Pfeffer aus der Mühle

2 EL Olivenöl

Zubereitung

FÜR 4 PERSONEN

1 Für die Zucchinipuffer die Zucchini putzen, waschen und auf der Gemüsereibe grob raspeln. 1 TL Salz untermischen und die Zucchiniraspel etwa 20 Minuten Saft ziehen lassen.

2 Die Zucchiniraspel auf einem Sieb abtropfen lassen, mit den Händen gut ausdrücken und in eine Schüssel geben. Die Frühlingszwiebeln putzen, waschen und in feine Ringe schneiden. Die Kräuter waschen und trocken schütteln, die Blätter bzw. Spitzen abzupfen und fein hacken. Das Mehl mit den Eiern verrühren, mit der Hälfte der Kräuter (die restlichen Kräuter für den Dip beiseitestellen) und den Frühlingszwiebeln unter die Zucchini mischen. Mit Salz und Pfeffer würzen.

3 In einer Pfanne reichlich Öl erhitzen. Von der Zucchinimasse mit einem Esslöffel kleine Portionen abnehmen, als Küchlein in die Pfanne setzen und portionsweise rundum goldbraun braten. Die fertigen Zucchinipuffer auf Küchenpapier abtropfen lassen.

4 Für den Schafskäsedip den Schafskäse in einer Schüssel mit einer Gabel fein zerdrücken und den Joghurt unterrühren. Die Minze waschen und trocken schütteln, die Blätter abzupfen und fein hacken. Die Minze mit den beiseitegestellten Kräutern und der Zitronenschale unter den Schafskäse mischen. Mit Salz und Pfeffer kräftig würzen, mit dem Olivenöl beträufeln und zu den Zucchinipuffern servieren.

Tipp› Der Schafskäsedip schmeckt auch solo mit aufgebackenem Fladenbrot sehr gut. Er eignet sich außerdem als pikanter Begleiter für Fleisch- und Geflügelspieße oder Hackfleischbällchen.

Möhrenfrikadellen
mit Aprikosen

Es muss ja nicht immer Fleisch sein: Diese fruchtigen Köfte werden nicht nur bei Vegetariern auf große Begeisterung stoßen

Zutaten

Für die Frikadellen:

10 Möhren

2 – 3 Scheiben Weißbrot
(vom Vortag)

4 Frühlingszwiebeln

120 g getrocknete Aprikosen

1 rote Chilischote

je 1 Bund Basilikum und Dill

3 EL Pinienkerne · 1 Ei

Salz · Pfeffer aus der Mühle

1 TL Paprikapulver (edelsüß)

Mehl für die Arbeitsfläche
und zum Bestäuben

Öl zum Braten

Für den Minzjoghurt:

250 g griechischer Joghurt

Saft von 1/2 Zitrone

2 Knoblauchzehen

1 Bund Minze

Zubereitung

FÜR 8 STÜCK

1 Für die Frikadellen die Möhren putzen, schälen und in grobe Stücke schneiden. Mit etwas Wasser in einen Topf geben und bei schwacher Hitze etwa 20 Minuten sehr weich dünsten.

2 Inzwischen für den Minzjoghurt den Joghurt in einer Schüssel mit dem Zitronensaft verrühren. Den Knoblauch schälen, in feine Würfel schneiden und unterrühren. Die Minze waschen und trocken schütteln, die Blätter abzupfen, in feine Streifen schneiden und unter den Joghurt heben. Den Minzjoghurt bis zum Servieren in den Kühlschrank stellen.

3 Die Möhren in ein Sieb abgießen und abtropfen lassen, in eine Schüssel geben und mit einer Gabel fein zerdrücken. Das Brot entrinden und zerkrümeln oder grob reiben. Die Frühlingszwiebeln putzen, waschen und klein schneiden. Die Aprikosen in möglichst kleine Würfel schneiden. Die Chilischote längs halbieren, entkernen, waschen und ebenfalls in feine Würfel schneiden. Basilikum sowie Dill waschen und trocken schütteln, die Blätter bzw. Spitzen abzupfen und fein hacken. Brot, Frühlingszwiebeln, Aprikosen, Chili und Kräuter unter das Möhrenpüree mischen. Die Pinienkerne und das Ei unterrühren und die Möhrenmasse mit Salz, Pfeffer und Paprikapulver würzen.

4 Die Arbeitsfläche mit etwas Mehl bestäuben. Von der Möhrenmasse mit einem Esslöffel kleine Portionen abnehmen und auf der bemehlten Arbeitsfläche zu länglichen Frikadellen formen. Diese rundum mit Mehl bestäuben.

5 In einer tiefen Pfanne 2 cm hoch Öl erhitzen. Die Möhrenfrikadellen darin portionsweise etwa 10 Minuten rundum goldbraun braten. Herausnehmen und auf Küchenpapier abtropfen lassen. Die Möhrenfrikadellen nach Belieben mit Zitronenspalten anrichten, den Minzjoghurt dazu servieren.

Gemüsebratlinge
mit Senf-Dip

Zutaten

400 g Naturjoghurt

100 g Senf

4 Möhren

4 kleine Zucchini

2 kleine Fenchelknollen

8 Eier

Meersalz

Pfeffer aus der Mühle

2 TL Paprikapulver (edelsüß oder rosenscharf)

80 ml Olivenöl

Zubereitung

FÜR 4 PERSONEN

1 Für den Senf-Dip den Joghurt in einer Schüssel mit dem Senf glatt verrühren.

2 Für die Bratlinge die Möhren putzen und schälen. Die Zucchini putzen und waschen. Die Fenchelknollen putzen, waschen und halbieren, den harten Strunk entfernen.

3 Das Gemüse auf der Gemüsereibe grob in eine Schüssel raspeln. Die Eier untermischen und die Gemüsemasse mit Meersalz, Pfeffer und Paprikapulver würzen.

4 Etwas Olivenöl in einer Pfanne erhitzen. Von der Gemüsemasse mit einem Esslöffel kleine Portionen abnehmen, in die Pfanne setzen und etwas flach drücken. Die Gemüsebratlinge portionsweise bei mittlerer Hitze rundum etwa 8 Minuten goldbraun braten. Bratlinge herausnehmen, auf Küchenpapier abtropfen lassen und warm halten.

5 Den Senf-Dip in Portionsschälchen verteilen und mit den Gemüsebratlingen auf Tellern angerichtet servieren.

Pilzomeletts
mit Cocktailtomaten

Zutaten

400 g Champignons

1 Bund Schnittlauch

200 g Cocktailtomaten

8 Eier

80 ml Milch (nach Belieben auch
Soja- oder Reismilch)

80 g Sahne oder Sojasahne

Meersalz · Pfeffer aus der Mühle

4 EL Sesam- oder Rapsöl

Zubereitung
FÜR 4 PERSONEN

1 Die Champignons putzen und in kleine Würfel schneiden. Den Schnittlauch waschen, trocken schütteln und in Röllchen schneiden. Die Tomaten waschen und halbieren oder vierteln.

2 Die Eier mit der Milch und der Sahne in einer Schüssel mit dem Schneebesen kräftig verquirlen. Die Eiermasse mit Meersalz sowie Pfeffer würzen und die Pilze untermischen.

3 Den Backofen auf 80 °C vorheizen. Aus der Eiermasse nacheinander 4 goldbraune Omeletts backen. Dazu in einer Pfanne je 1 EL Öl erhitzen, ein Viertel der Eiermasse hineingeben und bei mittlerer Hitze etwa 3 Minuten backen, bis das Ei gestockt ist. Das Omelett wenden und auf der zweiten Seite etwa 3 Minuten fertig backen. Omeletts herausnehmen und im Ofen warm halten.

4 Die Tomaten in die Pfanne geben und leicht erwärmen. Die Omeletts mit den Tomaten auf Tellern anrichten und mit Schnittlauchröllchen bestreut servieren.

Lauwarmer Gemüsesalat
mit Safrancrêpes

Soll es heute mal etwas feiner auf dem Teller zugehen? Dann probieren Sie diese Komposition aus zartem Gemüsesalat und gefüllten Crêpes!

Zutaten

Für die Crêpes:

100 g Mehl

200 ml Milch · 2 Eier

2 Döschen Safranfäden (à 0,1 g)

Salz · Pfeffer aus der Mühle

Zucker

5 EL zerlassene Butter

Butter zum Backen der Crêpes

Für die Füllung:

200 g Brunnenkresse

250 g Ricotta

50 g Walnusskernhälften

1 Bio-Zitrone

1 rote Chilischote

Für den Salat:

150 g Baby-Möhren

1 Bund grüner Spargel

1 Bund Radieschen

2 EL Weißweinessig

1 TL Senf · 1 TL Honig

Salz · Pfeffer aus der Mühle

3 EL Olivenöl

1 Bund Kerbel

Zubereitung

FÜR 4 PERSONEN

1 Für die Crêpes Mehl, Milch, Eier und Safran in einer Schüssel mit den Quirlen des Handrührgeräts glatt verrühren. Mit Salz, Pfeffer und 1 Prise Zucker würzen. Die zerlassene Butter unterrühren und den Teig 10 Minuten ruhen lassen.

2 Eine Pfanne mit Butter auspinseln. 1 kleine Schöpfkelle Teig hineingeben und durch leichtes Schwenken der Pfanne gleichmäßig darin verteilen. Die Crêpe auf beiden Seiten goldgelb backen und aus der Pfanne nehmen. Aus dem restlichen Teig auf die gleiche Weise Crêpes backen.

3 Für die Füllung die Kresse verlesen, waschen und trocken schleudern. Die Blätter grob hacken und in einer Schüssel mit dem Ricotta mischen. Die Walnüsse hacken. Die Zitrone heiß waschen und trocken reiben, die Schale abreiben und den Saft auspressen. Die Chilischote halbieren, entkernen, waschen und fein schneiden. Die Ricottamasse mit Walnüssen, Chili, Zitronensaft und -schale verrühren und mit Salz und Pfeffer kräftig würzen. Die Crêpes mit der Masse bestreichen, aufrollen und in Frischhaltefolie gewickelt kühl stellen.

4 Für den Salat die Möhren putzen und schälen, dabei etwas Grün stehen lassen. Den Spargel waschen und im unteren Drittel schälen, die holzigen Enden abschneiden. Möhren und Spargel in einer Pfanne in 4 EL Wasser mit geschlossenem Deckel bissfest garen, nach Belieben in Stücke schneiden und in eine Schüssel geben. Die Radieschen putzen, waschen, in Scheiben schneiden und dazugeben.

5 Für das Dressing Essig, Senf, Honig, Salz und Pfeffer verrühren. Das Olivenöl unterschlagen und das Dressing mit dem Gemüse mischen. Den Kerbel waschen, trocken schütteln, die Blätter abzupfen und unter den Salat mischen. Salat auf Teller verteilen, die Crêpes in Stücke schneiden und darauf anrichten.

Blumenkohl
mit Chili und Sardellen

Zutaten

1 Blumenkohl (ca. 1 $\frac{1}{2}$ kg)

Salz

2 rote Chilischoten

4 Sardellenfilets (aus der Dose)

2 Knoblauchzehen

4 EL Olivenöl

2 EL Zitronensaft

Pfeffer aus der Mühle

gemahlener Koriander

1 EL gehackte Petersilie

Zubereitung
FÜR 4 PERSONEN

1 Den Blumenkohl putzen, waschen und in Röschen teilen. Den Blumenkohl in kochendem Salzwasser etwa 8 Minuten bissfest blanchieren. In ein Sieb abgießen, kalt abschrecken und gut abtropfen lassen.

2 Die Chilischoten längs halbieren, entkernen, waschen und fein hacken. Die Sardellen trocken tupfen und ebenfalls fein hacken. Den Knoblauch schälen und fein hacken.

3 Das Olivenöl in einem Topf erhitzen und die Chilischoten, die Sardellen sowie den Knoblauch darin bei mittlerer Hitze etwa 2 Minuten anbraten. Mit Zitronensaft, Salz, Pfeffer und Koriander würzen.

4 Die Blumenkohlröschen in die Sardellenmischung geben, durchschwenken und kurz darin ziehen lassen. Mit Salz und Pfeffer abschmecken, in eine große Schüssel füllen und mit der Petersilie bestreuen. Passt gut als Beilage zu Fleischgerichten oder zu Kartoffeln.

Geröstetes Wurzelgemüse
auf Pfannen-Mangold

Zutaten

600 g kleine gelbe und
orange Möhren

400 g kleine Petersilienwurzeln

8–10 kleine Schalotten

6 junge Knoblauchzehen

4 EL Olivenöl

1–2 EL flüssiger Honig

150 ml Gemüsebrühe

Salz · Pfeffer aus der Mühle

400 g junger Mangold (am
besten buntstieliger)

1–2 TL Zitronensaft

3 EL Butter

Zubereitung
FÜR 4 PERSONEN

1 Die Möhren sowie die Petersilienwurzeln putzen und schälen. Die Schalotten und den Knoblauch schälen. Das Olivenöl in einer Pfanne
erhitzen und die Möhren mit den Petersilienwurzeln darin rundum 5 bis 7 Minuten goldbraun anbraten. Die Schalotten und den Knoblauch dazugeben und kurz mitbraten.

2 Den Honig über das Gemüse träufeln und karamellisieren. Mit der Brühe ablöschen und das
Gemüse zugedeckt etwa 10 Minuten bissfest
dünsten. Mit Salz und Pfeffer würzen.

3 Inzwischen den Mangold putzen, waschen und
trocken schütteln, dickere Stiele längs halbieren. Das Wurzelgemüse aus der Pfanne nehmen
und den Mangold im verbliebenen Garsud in
der Pfanne zugedeckt bei mittlerer Hitze
garen, bis er leicht zusammengefallen ist.

4 Den Mangold mit Salz, Pfeffer und Zitronensaft
würzen. Zum Schluss die Butter untermischen.
Das Wurzelgemüse zum Mangold geben und
kurz erhitzen, dabei mit der Buttersauce überziehen. In der Pfanne oder auf Teller verteilt
servieren.

Artischocken-Peperonata
mit gebratener Rotbarbe

Zugegeben: Für die Zubereitung dieses Gerichts müssen Sie etwas Zeit mitbringen – am Ende liegt jedoch eine saftige Belohnung auf dem Teller!

Zutaten

Für die Peperonata:

je 2 rote und gelbe

Paprikaschoten

2 Artischocken

2 EL Zitronensaft

2 Knoblauchzehen

3 Schalotten · 3 EL Olivenöl

Salz · Chilipulver

1 TL gehackter Rosmarin

2 EL gehackte Petersilie

Für den Fisch:

4 Rotbarbenfilets

(à ca. 150 g; mit Haut)

Salz · Pfeffer aus der Mühle

3 EL Olivenöl

je 2 Zweige Rosmarin

und Thymian

Für die Sauce:

3 Schalotten · 1 Knoblauchzehe

3 EL Butter · ¼ l Weißwein

200 g Sahne · 200 ml Fischfond

2 EL Limettensaft

Salz · Pfeffer aus der Mühle

1 EL Speisestärke · 1 EL Kapern

Zubereitung

FÜR 4 PERSONEN

1 Für die Peperonata den Backofengrill einschalten. Die Paprikaschoten vierteln, entkernen und waschen. Paprikaviertel unter dem Backofengrill auf der obersten Schiene etwa 8 Minuten garen, bis die Haut dunkel wird und Blasen wirft. Die Paprikaschoten mit einem feuchten Tuch bedecken und abkühlen lassen. Die Schoten häuten und das Fruchtfleisch in Würfel schneiden.

2 Von den Artischocken den Stiel sowie die harten Blattspitzen im oberen Teil abtrennen, die verbliebenen Blätter rund um den Artischockenboden abschneiden. Das »Heu« mit einem Teelöffel herauslösen. Die Artischockenböden mit Zitronensaft beträufeln und in dünne Spalten schneiden. Knoblauch und Schalotten schälen und in feine Würfel schneiden. Die Artischocken in einer Pfanne im Olivenöl anbraten, Knoblauch und Schalotten kurz mitbraten. Mit Salz sowie Chilipulver würzen. Paprika, Rosmarin und Petersilie untermischen.

3 Für den Fisch die Rotbarbenfilets waschen, trocken tupfen und mit Salz und Pfeffer würzen. Das Olivenöl in einer Pfanne erhitzen und die Fischfilets darin rundum kross anbraten. Die Kräuterzweige waschen, trocken schütteln und dazugeben. Den Fisch 3 bis 5 Minuten fertig braten, herausnehmen und warm halten.

4 Für die Sauce Schalotten und Knoblauch schälen, in feine Würfel schneiden und in Butter andünsten. Mit Wein ablöschen, Sahne und Fond dazugießen und auf die Hälfte einköcheln lassen. Mit dem Limettensaft, Salz und Pfeffer würzen. Die Speisestärke mit wenig kaltem Wasser glatt rühren und die Sauce damit binden. Durch ein Sieb streichen und mit dem Stabmixer aufschäumen. Die Kapern grob hacken und unterrühren. Peperonata mit den Rotbarbenfilets auf Tellern anrichten und mit der Sauce servieren.

Schwarzwurzelgemüse
mit Kartoffelgratin und Croûtons

Zutaten

Für das Kartoffelgratin:

500 g festkochende Kartoffeln

200 g Sahne · 50 g Crème fraîche

50 g geriebener Bergkäse

Salz · Pfeffer aus der Mühle

frisch geriebene Muskatnuss

1 Msp. gehackter Knoblauch

Für das Gemüse:

8 Schwarzwurzeln · 4 Möhren

2 Stangen Staudensellerie

1 EL Öl · 100 ml Gemüsebrühe

Für die Croûtons und den Speck:

2 Scheiben Graubrot · 2 EL Butter

100 g durchwachsener Räucherspeck (in Scheiben)

Zubereitung

FÜR 4 PERSONEN

1 Für das Gratin den Backofen auf 180 °C vorheizen. Kartoffeln schälen, waschen, in sehr dünne Scheiben hobeln und in eine ofenfeste Form (ca. 20 x 20 cm) schichten. Die Sahne mit Crème fraîche und Käse verrühren, mit Salz, Pfeffer, Muskatnuss und Knoblauch würzen. Die Sauce über die Kartoffeln gießen, sodass diese knapp bedeckt sind. Im Ofen auf der mittleren Schiene etwa 40 Minuten goldbraun backen.

2 Inzwischen für das Gemüse die Schwarzwurzeln sowie die Möhren putzen und schälen, Sellerie putzen und waschen. Das Gemüse in 5 cm lange, 1 cm dicke Stifte schneiden und in einer Pfanne im Öl bei mittlerer Hitze etwa 5 Minuten rundum goldbraun anbraten. Die Brühe angießen und das Gemüse zugedeckt etwa 10 Minuten dünsten. Den Garsud verdampfen lassen.

3 Für die Croûtons das Brot entrinden, in kleine Würfel schneiden, in einer Pfanne in Butter rundum goldbraun braten, herausnehmen und beiseitestellen. Den Speck in der Pfanne knusprig braten. Das Gemüse auf einer Platte mit Speck und Croûtons anrichten. Aus dem Gratin Kreise ausstechen und daraufsetzen.

Rindfleisch-Gemüse-Pfanne
auf asiatische Art

Zutaten

200 g Brokkoli

200 g Zuckerschoten · Salz

200 g Kürbisfruchtfleisch
(z. B. Hokkaido)

200 g Rotkohlblätter

200 g Baby-Maiskolben

150 g Bambussprossen (in
Streifen; aus der Dose)

1 Knoblauchzehe

1 haselnussgroßes Stück Ingwer

500 g Rindfleisch (aus der Hüfte)

2 EL Erdnussöl

2 – 3 EL Sojasauce

3 – 4 EL Fischsauce

Zubereitung
FÜR 4 PERSONEN

1 Den Brokkoli putzen, waschen und in Röschen teilen. Die Zuckerschoten putzen und waschen. Den Brokkoli in kochendem Salzwasser 3 Minuten bissfest blanchieren, die Zuckerschoten etwa 1 Minute. Das Gemüse in ein Sieb abgießen, kalt abschrecken und abtropfen lassen.

2 Das Kürbisfruchtfleisch in 1 bis 2 cm große Würfel schneiden. Die Rotkohlblätter waschen und in Streifen schneiden. Die Maiskolben waschen und halbieren. Die Bambussprossen auf einem Sieb abtropfen lassen. Den Knoblauch und den Ingwer schälen und fein hacken. Das Rindfleisch in dünne Streifen schneiden.

3 Das Erdnussöl im Wok oder einer Pfanne erhitzen. Die Fleischstreifen mit dem Knoblauch und dem Ingwer darin bei mittlerer Hitze rundum kurz anbraten. Kürbis und Rotkohl dazugeben und 2 bis 3 Minuten mitbraten. Mit der Sojasauce, 2 bis 3 EL Fischsauce und 2 bis 3 EL Wasser ablöschen und unter Rühren etwa 5 Minuten garen. Brokkoli, Zuckerschoten, Mais und Bambussprossen kurz mit erhitzen. Mit Fischsauce, Salz und Pfeffer abschmecken und in Schälchen servieren. Dazu passt Reis.

Buntes Pfannengemüse
mit Rosmarin und Chili

Mit der Kombination aus Dämpfen und Schwenken in Brühe holen Sie das Beste aus Ihrem Gemüse: volles Aroma und ein Optimum an Nährstoffen

Zutaten

150 g Brokkoli

150 g grüner Spargel

150 g Blumenkohl

2 Möhren

1 Petersilienwurzel

1 Stange Staudensellerie

1 rote Paprikaschote

1 Zweig Rosmarin

1/2 Vanilleschote

1 Knoblauchzehe

100 ml Gemüsebrühe

je 2 Streifen Bio-Zitronen- und Orangenschale

4 Scheiben Ingwer

4 EL Oliven- oder Rapsöl

Salz

Chiliflocken

Zubereitung

FÜR 4 PERSONEN

1 Den Brokkoli putzen, waschen und in Röschen teilen, die Brokkolistiele schälen und in Scheiben schneiden. Den Spargel waschen und im unteren Drittel schälen, die holzigen Enden abschneiden. Die Spargelstangen schräg in 5 cm lange Stücke schneiden. Den Blumenkohl putzen, waschen und in Röschen teilen.

2 Die Möhren und die Petersilienwurzel putzen, schälen, längs vierteln und in 5 cm lange Stücke schneiden. Den Sellerie putzen, waschen, längs halbieren und schräg in 5 cm lange Stücke schneiden. Die Paprikaschote längs vierteln, entkernen und mit dem Sparschäler schälen. Die Paprikaviertel in 1 cm breite Streifen schneiden.

3 Das Gemüse in einen Dämpfeinsatz geben. In einem großen Topf wenig Wasser aufkochen, den Dämpfeinsatz hineinstellen und das Gemüse bei mittlerer Hitze 10 bis 12 Minuten gar dämpfen.

4 Den Rosmarin waschen und trocken schütteln. Die Vanilleschote längs aufschneiden, den Knoblauch schälen. Die Brühe in einer großen Pfanne mit Rosmarin, Vanilleschote, Knoblauch, Zitronen- und Orangenschale sowie Ingwer erwärmen. Das Gemüse aus dem Dämpfeinsatz nehmen und in der Brühe schwenken. Das Gemüse mit Öl beträufeln, mit Salz und 1 Prise Chiliflocken würzen und in der Pfanne servieren. Das Gemüse passt als Beilage zu Geflügel, Fleisch oder Fisch.

Tipp> Eine leicht nussige Note erhält das Gemüse, wenn Sie es am Schluss mit ein wenig Sesamöl verfeinern. Zusätzlich können Sie dann noch geröstete Sesamsamen auf das Gemüse streuen.

Wokgemüse
mit Hähnchenbrust

Zutaten

4 Hähnchenbrustfilets

1 TL 5-Gewürze-Pulver (asiatische Gewürzmischung aus Fenchel, Gewürznelke, Sternanis, Sichuanpfeffer und Zimt)

abgeriebene Schale und Saft von 1 Bio-Limette

140 ml dunkle Sojasauce

200 g Zuckerschoten

2 Zucchini · 200 g Möhren

2 EL Öl · 1 Msp. Chilipulver

Salz · 100 ml Gemüsebrühe

100 g Sprossen (z. B. Soja-bohnen- oder Alfalfasprossen)

2 EL geröstete Sesamsamen

Zubereitung
FÜR 4 PERSONEN

1 Die Hähnchenbrustfilets waschen und trocken tupfen. 5-Gewürze-Pulver, Limettensaft und -schale sowie 80 ml Sojasauce verrühren. Das Fleisch darin etwa 15 Minuten marinieren.

2 Zuckerschoten und Zucchini putzen und waschen, Zucchini in Scheiben schneiden. Möhren putzen, schälen und in dünne Stifte schneiden.

3 Das Öl im Wok erhitzen und die Zuckerschoten unter Rühren 1 Minute darin anbraten. Zucchini und Möhren dazugeben und alles weitere 2 Minuten garen. Das Gemüse mit Chilipulver, 4 EL Sojasauce und Salz würzen. Die Brühe dazugießen und 5 Minuten weitergaren.

4 Die Hähnchenbrustfilets in einer Grillpfanne auf jeder Seite etwa 3 Minuten braten. Die Sprossen mit heißem Wasser übergießen, abtropfen lassen und mit den Sesamsamen zum Gemüse geben. Unter Rühren noch weitere 2 Minuten garen. Das Fleisch in Scheiben schneiden und mit der restlichen Sojasauce beträufeln. Das Gemüse auf Teller verteilen und das Fleisch darauf anrichten.

Chicorée-Saltimbocca
mit Parmaschinken

Zutaten

40 g Walnusskernhälften

2 große Chicorée

1–2 Handvoll Salbeiblätter

8 Scheiben Parmaschinken

(ersatzweise anderer

roher Schinken)

2 EL Olivenöl

Salz · Pfeffer aus der Mühle

Zubereitung

FÜR 4 PERSONEN

1 Die Walnüsse grob hacken und in einer Pfanne ohne Fett anrösten. Auf einem Teller beiseitestellen und abkühlen lassen.

2 Den Chicorée waschen und längs vierteln. Den Salbei waschen und gut trocken schütteln. Jedes Chicorée-Viertel mit je 2 Salbeiblättern belegen und mit je 1 Scheibe Parmaschinken umwickeln. Den Schinken eventuell mit einem Zahnstocher feststecken.

3 Das Olivenöl in einer Pfanne erhitzen. Die Chicorée-Viertel und die restlichen Salbeiblätter darin bei mittlerer Hitze rundum etwa 10 Minuten braten. Den Chicorée mit Salz und Pfeffer würzen.

4 Je 2 Chicorée-Saltimbocca und einige gebratene Salbeiblätter auf einem Teller anrichten und mit gerösteten Walnüssen bestreuen. Dazu passt Kartoffelpüree.

Panierte Zucchini
mit Avocadodip

»Auf die Plätze, fertig, los« sollte es bei Ihnen heißen, wenn es panierte Zucchini gibt – denn frisch aus der Pfanne sind sie einfach am besten!

Zutaten

Für den Dip:

1 Avocado

1 Kästchen Gartenkresse

1–2 EL Zitronensaft

1–2 TL Meerrettich

(aus dem Glas)

150 g Crème fraîche

Salz · Pfeffer aus der Mühle

Für die panierten Zucchini:

8 kleine Zucchini

2 Eier

Salz · Pfeffer aus der Mühle

1 Msp. abgeriebene

Bio-Zitronenschale

2–3 EL Mehl

ca. 80 g Panko (asiatisches

Paniermehl; siehe Tipp)

Öl zum Frittieren

Zubereitung

FÜR 4 PERSONEN

1 Für den Dip die Avocado halbieren und den Stein entfernen. Die Avocadohälften schälen, das Fruchtfleisch in grobe Stücke schneiden. Die Kresse vom Beet abschneiden, waschen und trocken tupfen. Etwas Kresse zum Garnieren beiseitelegen. Die restliche Kresse mit dem Avocadofruchtfleisch, 1 EL Zitronensaft, 1 TL Meerrettich und der Crème fraîche in einem hohen Rührbecher mit dem Stabmixer cremig pürieren. Den Avocadodip mit Salz, Pfeffer, Zitronensaft sowie Meerrettich würzen und in Schälchen füllen.

2 Für die panierten Zucchini die Zucchini putzen, waschen und schräg in etwa 2 cm dicke Scheiben schneiden. Die Eier in einem tiefen Teller verquirlen und mit Salz, Pfeffer und Zitronenschale würzen. Das Mehl und den Panko jeweils in tiefe Teller geben. Die Zucchinischeiben zunächst im Mehl wenden, überschüssiges Mehl abklopfen. Dann durch die verquirlten Eier ziehen und zuletzt mit den Pankobröseln panieren.

3 Etwa 1 cm hoch Öl in einer tiefen Pfanne erhitzen. Es ist heiß genug, wenn sich an einem hineingehaltenen Holzlöffelstiel Blasen bilden. Die panierten Zucchinischeiben darin portionsweise je 3 bis 4 Minuten rundum goldbraun ausbacken. Herausnehmen und auf Küchenpapier abtropfen lassen. Die Zucchini mit etwas Salz und der beiseitegelegten Kresse bestreuen und mit dem Avocadodip servieren.

Tipp> Panko erhalten Sie in jedem Asienladen. Es wird ohne die Brotkruste hergestellt, ist deshalb besonders hell und sorgt für eine schön knusprige Panade. Ersatzweise eignen sich Weißbrotbrösel.

Pastinaken mit Koteletts
und Nuss-Salsa

Zutaten

2 EL Haselnüsse

2 EL Pinienkerne

2 EL gehackte Petersilie

4 EL Olivenöl

Salz · Pfeffer aus der Mühle

600 g Pastinaken

1 Bio-Zitrone

2 EL Öl

80 g geriebener Käse

(z. B. Gouda)

8 kleine Schweinekoteletts

(à 100 g; mit Knochen)

2 EL Butterschmalz

Zubereitung
FÜR 4 PERSONEN

1 Die Haselnüsse und Pinienkerne in einer Pfanne ohne Fett goldbraun rösten. Nüsse und Pinienkerne abkühlen lassen, grob hacken und mit der Petersilie und dem Olivenöl mischen. Die Salsa mit Salz und Pfeffer würzen.

2 Die Pastinaken putzen, schälen, quer halbieren und die Hälften längs in dünne Scheiben schneiden. Die Zitrone heiß waschen, trocken reiben und in schmale Spalten schneiden. Das Öl in einer Pfanne erhitzen und die Pastinaken-scheiben darin mit den Zitronenspalten unter gelegentlichem Wenden goldbraun braten. Den Backofen auf 200 °C vorheizen.

3 Die Pastinaken mit Salz und Pfeffer würzen, in eine Auflaufform geben und mit dem geriebenen Käse bestreuen. Im Ofen auf der mittleren Schiene etwa 10 Minuten backen, bis der Käse geschmolzen und leicht gebräunt ist.

4 Inzwischen die Koteletts mit Salz und Pfeffer würzen. Das Butterschmalz in einer Pfanne erhitzen und das Fleisch darin auf jeder Seite etwa 5 Minuten braun braten. Die Pastinaken aus den Ofen nehmen und mit den Koteletts auf Tellern anrichten. Die Salsa dazu servieren.

Pasta alla Norma
mit Ricotta

Zutaten

2 Auberginen

Salz

2 Knoblauchzehen

1 kleine rote Chilischote

1 Zweig Rosmarin

4 – 5 EL Olivenöl

500 g passierte Tomaten

1 EL getrockneter Oregano

Pfeffer aus der Mühle

400 g Pasta (z. B. Rigatoni
oder Penne)

einige Petersilienblätter

150 g Ricotta (oder Schafskäse)

Zubereitung

FÜR 4 PERSONEN

1 Die Auberginen putzen, waschen und in kleine Würfel schneiden. Die Auberginen mit Salz bestreuen und 30 Minuten ziehen lassen. Den Knoblauch schälen und in feine Würfel schneiden. Die Chilischote längs halbieren, entkernen, waschen und in feine Würfel schneiden. Den Rosmarin waschen und trocken tupfen, die Nadeln abzupfen und hacken.

2 In einem großen Topf 2 EL Olivenöl erhitzen und die Hälfte der Auberginen darin anbraten. Knoblauch, Chili und Rosmarin dazugeben und kurz mitbraten. Die Tomaten und den Oregano hinzufügen und bei schwacher Hitze etwa 10 Minuten garen. Mit Salz und Pfeffer würzen.

3 Die Nudeln in reichlich kochendem Salzwasser bissfest garen. In ein Sieb abgießen, abtropfen lassen und unter die Sauce mischen.

4 Das restliche Öl in einer Pfanne erhitzen und die übrigen Auberginen darin goldbraun braten. Die Petersilie waschen und klein schneiden. Die Pasta alla Norma in einer Form anrichten und mit gebratenen Auberginen, zerbröckeltem Ricotta sowie Petersilie bestreuen.

Gemüse
aus dem Topf

Gefüllte Lauchröllchen
mit Ricotta und Ofentomaten

Ganz schön raffiniert: Die inneren Lauchschichten werden durch cremige Füllung ersetzt; und zu den Röllchen gibt es aromatische Ofentomaten

Zutaten

Für die Ofentomaten:

500 g Cocktailtomaten

1 kleines Bund Thymian

2 Knoblauchzehen

200 ml Olivenöl

grobes Meersalz

Für die Lauchröllchen:

3 dicke Stangen Lauch

1 kleines Bund Estragon

1 EL Butter

600 g Ricotta

abgeriebene Schale von

1 Bio-Zitrone

1 Ei

2 Eigelb

2 EL Weißbrotbrösel

Salz · Pfeffer aus der Mühle

Zubereitung

FÜR 4 PERSONEN

1 Für die Ofentomaten die Cocktailtomaten waschen. Den Thymian waschen und trocken schütteln. Knoblauch schälen und halbieren. Die Tomaten mit Olivenöl, Thymian, Knoblauch und etwas Meersalz mischen. Den Backofen auf 85 °C vorheizen. Die Tomatenmischung in eine kleine Auflaufform geben und im Ofen auf der mittleren Schiene 45 Minuten garen.

2 Inzwischen für die Lauchröllchen den Lauch putzen und waschen, das dunkle Grün abschneiden. Die Lauchstangen in 6 cm lange Stücke schneiden. Aus den Stücken das Innere herausdrücken, dabei drei äußere Schichten stehen lassen. Das Lauchinnere fein hacken. Den Estragon waschen und trocken schütteln, die Blätter abzupfen und fein hacken. Die Butter in einem Topf erhitzen und den gehackten Lauch mit dem Estragon darin andünsten. Das Gemüse abkühlen lassen. Ricotta, Zitronenschale, Ei, Eigelbe und Weißbrotbrösel untermischen und die Masse mit Salz und Pfeffer abschmecken.

3 Die Ricottamasse mit einem Spritzbeutel in die ausgehöhlten Lauchstücke füllen. Die Lauchröllchen in einen Dämpfeinsatz geben. In einem großen Topf wenig Wasser aufkochen, den Dämpfeinsatz hineinstellen und die Röllchen bei mittlerer Hitze 15 bis 20 Minuten gar dämpfen.

4 Die Lauchröllchen mit den Tomaten auf Teller verteilen und nach Belieben mit etwas Öl von den Ofentomaten beträufeln. Dazu passt Baguette.

Tipp› Wer keinen Spritzbeutel zum Füllen der Lauchstücke hat, kann die Ricottamasse in einen Gefrierbeutel füllen. Dann eine kleine Ecke des Beutels abschneiden – fertig ist der selbst gemachte Spritzbeutel.

Fisch-Gemüse-Curry
mit Basmatireis

Zutaten

160 g Basmatireis · Salz

400 g Zuckerschoten

4 kleine Zucchini

2 rote Paprikaschoten

16 Baby-Maiskolben

1 haselnussgroßes Stück Ingwer

600 g weißfleischige Fischfilets

(z. B. Kabeljau oder Rotbarsch)

4 EL Zitronensaft

4 EL Kokosfett

4 TL Currypulver

2 TL gemahlener Kreuzkümmel

1 TL gemahlener Koriander

400 ml Kokosmilch

Zubereitung

FÜR 4 PERSONEN

1 Den Reis in einem Sieb gründlich mit kaltem Wasser abspülen. In einem Topf mit der doppelten Menge Salzwasser zugedeckt bei schwacher Hitze etwa 20 Minuten garen.

2 Die Zuckerschoten und die Zucchini putzen und waschen. Die Paprikaschoten längs halbieren, entkernen und waschen. Die Maiskolben und Zuckerschoten schräg halbieren, die Zucchini und die Paprikahälften in Streifen schneiden. Den Ingwer schälen und fein reiben.

3 Die Fischfilets waschen, trocken tupfen und in große Stücke schneiden. Mit dem Zitronensaft beträufeln und mit Salz würzen. In einer Pfanne 2 EL Kokosfett erhitzen und die Fischstücke darin rundum etwa 3 Minuten anbraten.

4 Das restliche Kokosfett in einem großen Topf erhitzen und das Gemüse mit dem Ingwer darin unter Rühren etwa 5 Minuten bissfest anbraten. Mit Currypulver, Kreuzkümmel und Koriander würzen und mit der Kokosmilch ablöschen. Die Sauce mit etwas Salz abschmecken und die Fischstücke hinzufügen. Das Curry in tiefen Tellern oder Schälchen mit dem Reis anrichten.

Süßkartoffelcurry
mit Mango und Mohn

Zutaten

600 g Süßkartoffeln

400 g vorwiegend festkochende Kartoffeln

1 Zwiebel · 2 Knoblauchzehen

10 g Ingwer · 2 EL Butter

1 EL Currypulver

½ TL gemahlene Kurkuma

½ TL gemahlener Kreuzkümmel

300 ml Gemüsebrühe

200 ml Kokosmilch

2 rote Chilischoten

1 reife Mango

150 g griechischer Joghurt

1 Bund Koriander

30 g gemahlener Mohn

Zubereitung
FÜR 4 PERSONEN

1 Süßkartoffeln und Kartoffeln schälen, waschen und in 2 cm große Würfel schneiden. Zwiebel, Knoblauch und Ingwer schälen und in feine Würfel schneiden.

2 Butter in einem großen Topf erhitzen. Zwiebel, Knoblauch und Ingwer darin 1 bis 2 Minuten andünsten. Currypulver, Kurkuma und Kreuz-kümmel hinzufügen und kurz anrösten. Mit Brühe und Kokosmilch ablöschen. Süßkartof-feln und Kartoffeln dazugeben und bei schwa-cher Hitze 20 bis 25 Minuten weich garen.

3 Chilischoten längs halbieren, entkernen und waschen. 1 Schote in feine Würfel, die andere in feine Streifen schneiden. Mango schälen und das Fruchtfleisch vom Stein schneiden, zwei Drittel in 1 cm große Würfel, den Rest in dünne Spalten schneiden. Joghurt mit Mango und Chiliwürfeln unter das Curry rühren.

4 Koriander waschen und trocken schütteln, die Blätter abzupfen und bis auf 1 EL unter das Curry rühren. Curry mit Mangospalten, rest-lichem Koriander, Chilistreifen und Mohn gar-nieren. Dazu passt Basmatireis.

Grünes Thai-Gemüse
mit Kokos und Reisnudeln

Die asiatische Küche macht es vor: Mit einer fix zubereiteten Sauce wird
aus schlicht gedämpftem Gemüse im Handumdrehen eine leichte Mahlzeit

Zutaten

300 g breite Reisnudeln

Salz

2 Köpfe Pak-Choi
(chin. Senfkohl)

2 Bund Frühlingszwiebeln

200 g grüne Bohnen oder thai-
ländische Schlangenbohnen

200 g Zuckerschoten

400 ml Kokosmilch

1 EL Tom-Yum-Paste (aus
dem Asienladen)

300 g Kokosnussfleisch
(aus der Dose; aus dem
Asienladen)

Saft von 1 Limette

1 TL Fischsauce

1 Bund Koriander

2 rote Chilischoten

Zubereitung
FÜR 4 PERSONEN

1 Die Reisnudeln in Salzwasser nach Packungsanweisung garen.
Den Pak-Choi, die Frühlingszwiebeln, die Bohnen und die
Zuckerschoten putzen und waschen. Den Pak-Choi und die
Frühlingszwiebeln in mundgerechte Stücke schneiden. Die
Bohnen in kochendem Salzwasser etwa 5 Minuten blanchie-
ren, in ein Sieb abgießen und abtropfen lassen.

2 Die Bohnen mit den Frühlingszwiebeln, dem Pak-Choi und
den Zuckerschoten in einen Dämpfeinsatz geben. In einem
großen Topf wenig Wasser aufkochen, den Dämpfeinsatz
hineinstellen und das Gemüse bei mittlerer Hitze
etwa 8 Minuten gar dämpfen.

3 Die Kokosmilch mit der Tom-Yum-Paste in einem Topf aufkochen und 4 Minuten kochen lassen. Das Kokosnussfleisch
klein schneiden und dazugeben. Die Sauce mit Limettensaft
sowie Fischsauce abschmecken.

4 Den Koriander waschen, trocken schütteln, die Blätter abzupfen und grob schneiden. Die Chilischoten längs halbieren,
entkernen, waschen und in feine Streifen schneiden.

5 Das Gemüse zusammen mit den Nudeln und der Sauce in
Schälchen anrichten und mit Korianderblättern und Chilistreifen bestreut servieren.

Tipp › Tom-Yum-Paste schmeckt sauer und scharf und
besteht hauptsächlich aus Zitronengras, Kaffir-
Limettenblättern, Galgant und scharfem Chili. Sie
ist auch unentbehrlich für die Tom-Yum-Suppe.

Bulgur-Mangold-Pilaw
mit Paprika und Tomaten

Zutaten

2 Zwiebeln

1 große rote Paprikaschote

1 rote Chilischote

4 EL Olivenöl

2 TL Paprikapulver (edelsüß)

Salz · Pfeffer aus der Mühle

400 g grob geschroteter Bulgur

1 EL Korinthen

800 ml Gemüsebrühe

800 g Mangold

2 Tomaten

Zubereitung
FÜR 4 PERSONEN

1 Die Zwiebeln schälen und in feine Würfel schneiden. Die Paprika- und die Chilischote längs halbieren, entkernen, waschen und ebenfalls in Würfel schneiden. In einem breiten Topf 2 EL Olivenöl erhitzen und die Zwiebel-, Paprika- und Chiliwürfel darin anbraten. Mit Paprikapulver, Salz und Pfeffer würzen.

2 Den Bulgur und die Korinthen hinzufügen und die Brühe angießen. Alles aufkochen und bei schwacher Hitze zugedeckt etwa 20 Minuten garen, bis der Bulgur weich ist.

3 Den Mangold putzen und waschen. Die Blätter in breiten Streifen von den Stielen schneiden, die Mangoldstiele in kleine Würfel schneiden. Die Tomaten waschen, vierteln, entkernen und in kleine Würfel schneiden.

4 Das restliche Olivenöl in einem Topf erhitzen und die Mangoldstiele darin andünsten. Die Mangoldblätter und Tomaten dazugeben und 3 Minuten mitdünsten. Die Mangold-Tomaten-Mischung unter den Bulgur heben und den Pilaw mit Salz und Pfeffer abschmecken.

Geschmortes Hähnchen
mit Okraschoten

Zutaten

1 Hähnchen (ca. 1,2 kg;
küchenfertig)

5 Knoblauchzehen

Salz · Pfeffer aus der Mühle

2 kleine Zwiebeln

60 ml Öl

1–2 TL gemahlene Kurkuma

1 TL Paprikapulver (edelsüß)

ca. 700 ml Hühnerbrühe

600 g Okraschoten

Saft von 1/2 Limette

Korianderblätter zum Garnieren

Zubereitung
FÜR 4 PERSONEN

1 Das Hähnchen waschen, trocken tupfen und mit einer Geflügelschere in 8 Teile schneiden. Drei Knoblauchzehen schälen und durchpressen. Die Hähnchenteile mit dem Knoblauch sowie Salz und Pfeffer einreiben.

2 Die Zwiebeln schälen und in feine Würfel schneiden. In einem großen Topf 3 EL Öl erhitzen und die Zwiebelwürfel darin bei mittlerer Hitze goldbraun braten. Kurkuma dazugeben und kurz mitbraten. Die Hähnchenteile hinzufügen, rundum anbraten und mit Paprikapulver bestreuen. So viel Brühe angießen, dass das Fleisch bedeckt ist, und das Hähnchen zugedeckt bei schwacher Hitze 30 bis 40 Minuten schmoren. Falls nötig, noch Brühe angießen.

3 Restliche Knoblauchzehen schälen und in feine Würfel schneiden. Die Okraschoten putzen und waschen. Das übrige Öl in einem Topf erhitzen und die Okraschoten mit dem Knoblauch darin etwa 5 Minuten anbraten. Mit 50 ml Wasser und dem Limettensaft ablöschen und die Okras zugedeckt etwa 5 Minuten garen. Das Okragemüse mit Salz würzen und unter das Hähnchen mengen. Mit Koriander garniert servieren.

Klopse »Königsberger Art«
mit Mairüben und Zuckerschoten

*Königsberger Klopse, eine ostpreußische Spezialität, hier etwas
abgewandelt und mit vielen Gemüsestücken in der cremigen Sauce*

Zutaten

2 Mairüben

2 kleine Kohlrabi

200 g Zuckerschoten

1,6 l Gemüsebrühe

2 Zwiebeln

6 EL Butter

600 g Schweinehackfleisch

60 g Weißbrotbrösel

2 Eier

4 TL Dijon-Senf

Salz · Pfeffer aus der Mühle

2 EL Mehl

3–4 EL Schmand

4 EL Kapern

2 EL Kapernsud

3–4 EL Weißweinessig

Zucker

6 EL gehackte Petersilie

Zubereitung

FÜR 4 PERSONEN

1 Die Mairüben und die Kohlrabi putzen, schälen und in grobe
Stücke schneiden. Die Zuckerschoten putzen und waschen.
Die Brühe in einem großen Topf aufkochen. Die Kohlrabi und
die Mairüben dazugeben und bei schwacher Hitze etwa 3 Minuten garen. Die Zuckerschoten hinzufügen und alles weitere
3 Minuten garen. Das Gemüse mit dem Schaumlöffel aus dem
Topf heben und kalt abschrecken. Die Brühe auf dem Herd
warm halten.

2 Die Zwiebeln schälen und in feine Würfel schneiden. In einer
Pfanne 2 EL Butter erhitzen und die Zwiebel darin andünsten.
Das Hackfleisch in einer Schüssel mit den Weißbrotbröseln,
den Eiern, den gedünsteten Zwiebeln, 2 TL Senf, Salz und
Pfeffer mischen. Mit angefeuchteten Händen etwa 16 Bällchen aus der Hackfleischmasse formen und dabei gut zusammendrücken. Die Klopse in der Gemüsebrühe knapp unter
dem Siedepunkt 15 bis 20 Minuten gar ziehen lassen.

3 Die restliche Butter in einem Topf erhitzen, bis sie goldbraun
ist. Das Mehl darin unter Rühren kurz anschwitzen. Mit etwa
700 ml von der Garbrühe der Klopse ablöschen, dazu die
Brühe mit der Schöpfkelle aus dem Topf schöpfen. Die Sauce
aufkochen und nach Belieben noch etwas Brühe hinzufügen.
Den Schmand mit dem Schneebesen unterrühren, die Kapern
und den Kapernsud hinzufügen. Die Sauce mit dem übrigen
Senf, Essig, 1 Prise Zucker, Salz und Pfeffer abschmecken.
Die Petersilie unterrühren.

4 Die Klopse mit dem Schaumlöffel aus der Brühe heben, mit
dem Gemüse in die heiße Sauce geben und kurz darin ziehen
lassen. Die Klopse »Königsberger Art« auf tiefe Teller verteilen und servieren. Dazu schmecken Kartoffeln oder Reis.

Ziegenkäse-Tortelloni
mit Bohnen und Salbeibutter

Hier wird fündig, wer seine Gäste mal so richtig verwöhnen möchte:
mit einem Pastagericht, das nicht nur alltägliche Zutaten enthält

Zutaten

Für den Nudelteig:

125 g Hartweizengrieß

80 g Mehl · 2 Eier · Salz

Für die Füllung:

250 g Ziegenfrischkäse

500 g Spinat

1 Knoblauchzehe

1 EL Olivenöl

Salz · Pfeffer aus der Mühle

frisch geriebene Muskatnuss

1 Eigelb

50 g geriebener Parmesan

Für die Salbeibutter:

½ l Hühnerbrühe

125 g kalte Butter

4 – 6 Salbeiblätter

8 getrocknete Tomaten

(kurz in Wasser eingeweicht)

4 EL dicke Bohnen

(gepalt und vorgegart)

Salz · Pfeffer aus der Mühle

Außerdem:

Mehl für die Arbeitsfläche

1 verquirltes Eiweiß

Zubereitung
FÜR 4 PERSONEN

1 Für den Nudelteig den Grieß und das Mehl mischen, auf die Arbeitsfläche sieben und in die Mitte eine Mulde drücken. Die Eier und 1 Prise Salz hineingeben und alles zu einem Teig verkneten. In Frischhaltefolie gewickelt 1 Stunde kühl stellen.

2 Für die Füllung den Frischkäse auf einem mit einem Küchentuch ausgelegten Sieb mindestens 2 Stunden abtropfen lassen. Den Spinat verlesen, waschen und trocken schleudern, grobe Stiele entfernen. Den Knoblauch schälen. Das Olivenöl in einem Topf erhitzen und den Spinat darin mit dem Knoblauch durchschwenken. Mit Salz, Pfeffer und Muskatnuss würzen. Den Knoblauch entfernen und aus dem Spinat mit einem Küchentuch das Wasser gut ausdrücken. Den Spinat grob hacken und mit Frischkäse, Eigelb und Parmesan verrühren. Die Füllung mit Salz, Pfeffer und Muskatnuss abschmecken.

3 Für die Salbeibutter die Brühe aufkochen, die Butter in Würfel schneiden und nach und nach unterrühren. Die Salbeiblätter waschen und trocken tupfen, die Hälfte in den Topf geben. Den Sud auf die gewünschte Konsistenz einköcheln lassen, Salbei wieder entfernen. Die restlichen Salbeiblätter und die Tomaten in Streifen schneiden und mit den dicken Bohnen in die Salbeibutter geben. Mit Salz und Pfeffer abschmecken.

4 Den Nudelteig mit wenig Mehl auf der Arbeitsfläche oder mit der Nudelmaschine dünn ausrollen. Kreise mit 8 cm Durchmesser ausstechen und je 1 TL Füllung in die Mitte setzen. Die Ränder mit Eiweiß bestreichen, den Teig halbmondförmig über die Füllung klappen und verschließen. Die runde Seite umklappen und die beiden Spitzen vorn zusammendrücken.

5 Die Tortelloni in reichlich Salzwasser knapp unter dem Siedepunkt 5 Minuten gar ziehen lassen. Mit dem Schaumlöffel herausheben, unter die Salbeibutter mischen und in tiefen Tellern anrichten. Nach Belieben Parmesan darüberhobeln.

Wirsingcurry
mit Chili und Kokos

Zutaten

800 g Wirsing

2 Zwiebeln

1 Knoblauchzehe

1 rote Chilischote

3 EL Öl

400 ml Kokosmilch

$\frac{1}{2}$ TL abgeriebene
Bio-Zitronenschale

Salz · Pfeffer aus der Mühle

50 g frisches Kokosnuss-
fleisch (oder 2 EL getrocknete Kokoschips)

Zubereitung

FÜR 4 PERSONEN

1 Den Wirsing putzen, waschen und vierteln,
den harten Strunk entfernen. Die Wirsingblätter in etwa 2 cm breite Streifen schneiden.
Die Zwiebeln und den Knoblauch schälen und
in feine Würfel schneiden. Die Chilischote
längs halbieren, entkernen, waschen und in
feine Streifen schneiden.

2 Das Öl in einem Topf erhitzen, die Zwiebeln,
den Knoblauch und die Chilistreifen darin etwa
2 Minuten anbraten. Die Wirsingstreifen hinzufügen und unter Rühren kurz mitbraten.

3 Die Kokosmilch und die Zitronenschale hinzufügen. Den Wirsing bei mittlerer Hitze 8 bis
10 Minuten bissfest garen, dabei zwischendurch immer wieder umrühren.

4 Das Curry mit Salz und Pfeffer würzen. Das
Kokosnussfleisch mit einem Sparschäler in
dünne Streifen hobeln. Das Wirsingcurry mit
den Kokosstreifen oder Kokoschips garnieren
und nach Belieben in halbierten Kokosnuss-
schalen servieren.

Grünkohl-Malfatti
mit Kürbisbutter

Zutaten

Für die Malfatti:

500 g Grünkohl · Salz

2 Eier · 250 g Ricotta

80 g geriebener Pecorino

80 g Mehl · 3 EL Grieß

Pfeffer aus der Mühle

frisch geriebene Muskatnuss

Für die Kürbisbutter:

6 Salbeiblätter

200 g Kürbisfruchtfleisch

100 g Butter

abgeriebene Schale von

1/2 Bio-Zitrone

30 g Pinienkerne (geröstet)

Salz · Pfeffer aus der Mühle

Zubereitung
FÜR 4 PERSONEN

1 Für die Malfatti den Kohl putzen, waschen und in kochendem Salzwasser 6 Minuten bissfest blanchieren. In ein Sieb abgießen, kalt abschrecken, abtropfen lassen, gut ausdrücken und fein hacken. Mit Eiern, Ricotta, Pecorino, Mehl und Grieß zu einer weichen, formbaren Masse vermischen. Mit Salz, Pfeffer und Muskatnuss würzen.

2 In einem Topf reichlich Salzwasser bis knapp unter den Siedepunkt erhitzen. Mit zwei Teelöffeln Nocken aus der Kohlmasse abstechen, ins Wasser gleiten lassen und bei schwacher Hitze etwa 10 Minuten gar ziehen lassen. Eventuell zunächst eine Probenocke garen – falls diese zerfällt, noch etwas Grieß unterarbeiten.

3 Für die Kürbisbutter den Salbei waschen, trocken tupfen und in Streifen schneiden. Kürbis in feine Streifen schneiden und in einer Pfanne in der Butter bei mittlerer Hitze etwa 5 Minuten bissfest braten. Salbei, Zitronenschale und Pinienkerne dazugeben, salzen und pfeffern.

4 Die Malfatti aus dem Topf heben, gut abtropfen lassen und auf Teller verteilen. Mit der Kürbisbutter beträufeln und servieren.

Rotkohlrouladen
mit Esskastanien

Im Herbst, wenn es draußen kalt und ungemütlich ist, schmecken die vegetarischen, aber dennoch deftigen Rouladen besonders gut

Zutaten

6 große Rotkohlblätter

Salz

2 Quitten

250 g rote Linsen

400 g Esskastanien (Maronen; vorgegart und vakuumiert)

2 Zwiebeln

1 TL gehackter Thymian

Pfeffer aus der Mühle

2 EL Öl

200 ml Gemüsebrühe

2 – 3 EL Balsamico bianco

Zubereitung

FÜR 4 PERSONEN

1 Die Kohlblätter waschen und die dicken Blattrippen flach schneiden. Blätter in kochendem Salzwasser 1 Minute blanchieren, damit sie biegsamer werden. Mit dem Schaumlöffel herausheben und abtropfen lassen. Die Quitten mit einem Tuch abreiben, um den weißen Flaum zu entfernen, waschen, vierteln und entkernen. Ein Drittel des Fruchtfleischs in kleine Würfel, den Rest in schmale Spalten schneiden. Die Linsen in kochendem Wasser etwa 10 Minuten bissfest garen, in ein Sieb abgießen, abtropfen lassen. Die Hälfte der Esskastanien fein hacken. Die Zwiebeln schälen und fein hacken.

2 Die Hälfte der Zwiebeln mit der Hälfte der Linsen, den gehackten Esskastanien, den Quittenwürfeln und dem Thymian mischen. Mit Salz und Pfeffer würzen. Die Kohlblätter flach ausbreiten. Jeweils etwas Maronen-Quitten-Masse auf 1 Kohlblatt setzen. Die Längsseiten der Blätter einschlagen, die Blätter von der schmalen Seite her aufrollen und mit Zahnstochern fixieren. Das Öl in einem breiten Topf erhitzen und die Rouladen darin bei mittlerer Hitze rundum anbraten. Aus dem Topf heben und beiseitestellen.

3 Die Quittenspalten im verbliebenen Öl im Topf kurz anbraten. Restliche Esskastanien, Linsen und Zwiebeln hinzufügen, Rouladen darauflegen und die Brühe angießen. Mit Salz und Pfeffer würzen und zugedeckt bei mittlerer Hitze etwa 25 Minuten gar schmoren. Mit Essig abschmecken. Jeweils 1½ Rouladen mit etwas Gemüsemischung auf Tellern anrichten.

Tipp> Die Quitten können Sie auch schälen, denn je nach Sorte ist die Schale der Früchte auch nach dem Garen noch mehr oder weniger fest. Man sollte sie jedoch nicht roh essen, da sie sauer und holzig sind.

Spitzkohlgemüse
mit Semmelknödeln

Zutaten

500 g Weißbrot (vom Vortag;
in kleinen Würfeln)

400 ml heiße Milch

1 Schalotte · 3 EL Butter

2 Eier · 3 EL gehackte Petersilie

Salz · Pfeffer aus der Mühle

frisch geriebene Muskatnuss

1 kg Spitzkohl

2 EL Mehl

100 ml Weißwein

200 ml Gemüsebrühe

100 g Sahne

Außerdem:

Milch und Weißbrotbrösel nach
Bedarf

Zubereitung
FÜR 4 PERSONEN

1 Weißbrot mit Milch übergießen. Schalotte schälen, fein würfeln und in einer Pfanne in 1 EL Butter 5 Minuten andünsten. Schalotte, Eier, 1 EL Petersilie sowie etwas Salz, Pfeffer und Muskatnuss mit dem Brot mischen und die Masse 10 Minuten ziehen lassen. Mit angefeuchteten Händen 12 Knödel formen. Bei Bedarf Milch oder Weißbrotbrösel untermischen, sodass die Masse gut formbar ist. Die Knödel in reichlich Salzwasser knapp unter dem Siedepunkt etwa 15 Minuten gar ziehen lassen.

2 Inzwischen vom Kohl die äußeren Blätter entfernen, den Kohl vierteln und den harten Strunk entfernen. Die Blätter in feine Streifen schneiden und in einem Topf in der restlichen Butter andünsten. Das Mehl darüberstäuben und mit Wein ablöschen. Brühe und Sahne dazugießen, mit Salz, Pfeffer sowie Muskatnuss würzen und zugedeckt unter gelegentlichem Rühren etwa 10 Minuten gar schmoren.

3 Den Spitzkohl mit der Sauce auf Tellern anrichten. Die Knödel mit dem Schaumlöffel aus dem Topf heben, abtropfen lassen und auf den Kohl legen. Mit der restlichen Petersilie bestreuen.

Birnen, Bohnen und Speck
auf klassische Art

Zutaten

ca. 1 l Fleisch- oder Gemüsebrühe

500 g durchwachsener
Räucherspeck (am Stück)

750 g grüne Bohnen

ca. 4 Zweige Bohnenkraut

500 g kleine Kochbirnen
(z. B. Griese Bern, Lange grüne
Winterbirne oder Wein-
Bergamott-Birne)

Salz · Pfeffer aus der Mühle

1 Bund Petersilie

Zubereitung
FÜR 4 PERSONEN

1 Die Brühe in einem großen Topf erhitzen. Den Räucherspeck dazugeben und zugedeckt bei schwacher Hitze etwa 25 Minuten garen.

2 Inzwischen die Bohnen putzen, waschen und halbieren. Das Bohnenkraut waschen. Die Bohnen mit den Kräuterzweigen zum Räucherspeck geben und weitere 10 Minuten garen.

3 Die Birnen waschen, längs halbieren und entkernen. Die Birnenhälften auf die Bohnen legen und zugedeckt 15 Minuten mitgaren.

4 Den Speck aus der Brühe nehmen, kurz abtropfen lassen und in Scheiben schneiden. Die Birnen ebenfalls herausnehmen und abtropfen lassen. Die Bohnen leicht mit Salz und Pfeffer würzen. Den Garsud nach Belieben mit 1 TL kalt angerührter Speisestärke leicht binden und kurz aufkochen.

5 Die Petersilie waschen und trocken schütteln. Die Blätter abzupfen, fein hacken und kurz vor dem Servieren unter die Bohnen rühren. Die Birnen mit den Bohnen und dem Speck auf Tellern anrichten. Dazu schmecken Salzkartoffeln.

Gemüse
aus dem Ofen

Pilzgratin
mit klarer Tomatenessenz

*Im Sommer und Herbst schmeckt das Gratin mit frischen Waldpilzen,
im Winter und Frühling mit Zuchtpilzen – Pilze haben immer Saison!*

Zutaten

8 Tomaten

1 Knoblauchzehe

1 Bund Thymian

300 ml Gemüsebrühe

Salz · Pfeffer aus der Mühle

800 g gemischte Pilze

(z. B. Shiitake, Champignons,

Pfifferlinge, Austernpilze)

2 EL Butterschmalz

8 Scheiben Toastbrot

2 EL Butter

4 EL gehackte Petersilie

300 g Ricotta

4 Eigelb

2 EL geriebener Parmesan

Zubereitung
FÜR 4 PERSONEN

1 Die Tomaten waschen und in Würfel schneiden, dabei die Stielansätze entfernen. Den Knoblauch schälen. Den Thymian waschen und trocken schütteln, die Blätter abzupfen. Tomaten mit Knoblauch, Thymian, Brühe, etwas Salz und Pfeffer in einem Topf mit dem Stabmixer pürieren. Die Masse einmal aufkochen lassen. Ein Sieb in eine Schüssel hängen und mit einem sauberen Küchentuch auslegen. Die Tomatenmasse in das Sieb abgießen und gut abtropfen lassen. Die klare Tomatenessenz mit 1 Prise Salz abschmecken.

2 Die Pilze putzen und, falls nötig, trocken abreiben und je nach Größe in mundgerechte Stücke schneiden. Das Butterschmalz in einer großen Pfanne erhitzen und die Pilze darin bei mittlerer Hitze rundum anbraten. Mit Salz würzen und abkühlen lassen. Das Toastbrot entrinden und in etwa 1 cm große Würfel schneiden. Die Butter in einer Pfanne erhitzen und die Brotwürfel darin rundum goldbraun anbraten, dann auf Küchenpapier abtropfen lassen.

3 Den Backofengrill einschalten. Die Pilze mit Petersilie, Ricotta, Eigelben und Brotwürfeln vermischen und mit Salz sowie Pfeffer würzen. In vier Portionsauflaufformen oder ofenfeste Schälchen verteilen, mit Parmesan bestreuen und unter dem Backofengrill auf der mittleren Schiene etwa 10 Minuten goldbraun überbacken. Inzwischen den Tomatensud aufkochen. Das Gratin in den Förmchen oder Schälchen servieren und die Tomatenessenz dazu reichen.

Tipp › Die Tomatenessenz schmeckt am besten aus reifen Tomaten: Bereiten Sie daher im Sommer aus den aromatischen Tomaten gleich eine größere Menge zu. Die Essenz schmeckt auch pur mit einer Einlage.

Dorade in der Salzkruste
auf Avocado-Kartoffel-Gratin

Der Clou: Die dünnen Gemüsescheiben werden auf dem Teller gratiniert – das macht nicht nur optisch viel her, sondern spart auch Geschirr!

Zutaten

Für die Dorade:

1 Dorade (800 – 1000 g; küchenfertig)

1 Bio-Zitrone

1/2 Zwiebel

1 Zweig Rosmarin

1 Knoblauchknolle

4 Eiweiß

2 kg Meersalz

100 g Mehl

Für das Gratin:

2 mehligkochende Kartoffeln

Salz

3 Avocados

einige Spritzer Zitronensaft

50 ml Fischfond

2 Eigelb

4 EL Butter

5 EL geschlagene Sahne

Zubereitung

FÜR 4 PERSONEN

1 Für die Dorade den Backofen auf 200 °C vorheizen. Den Fisch waschen und trocken tupfen. Die Zitrone heiß waschen, trocken reiben und in Scheiben schneiden. Die Zwiebel schälen und in Scheiben schneiden. Den Rosmarin waschen und trocken tupfen, den Knoblauch in die einzelnen Zehen teilen. Die Bauchhöhle der Dorade mit Rosmarin, Knoblauch sowie Zitronen- und Zwiebelscheiben füllen.

2 Die Eiweiße leicht anschlagen und mit Meersalz, Mehl sowie 70 ml Wasser mischen. Ein Drittel der Salzmasse auf ein mit Backpapier ausgelegtes Backblech streichen. Die Dorade darauflegen und mit der restlichen Salzmasse umhüllen, sodass der Fisch ganz bedeckt ist. Im Ofen auf der mittleren Schiene etwa 40 Minuten garen, herausnehmen und warm halten.

3 Inzwischen für das Gratin die Kartoffeln schälen, waschen, in dünne Scheiben schneiden und in kochendem Salzwasser kurz blanchieren. In ein Sieb abgießen und kalt abschrecken. Die Avocados halbieren und die Steine entfernen. Avocadohälften schälen, das Fruchtfleisch in dünne Scheiben schneiden und mit Zitronensaft beträufeln. Avocado- und Kartoffelscheiben kreisförmig überlappend auf vier ofenfeste Teller legen.

4 Den Backofengrill einschalten. Den Fischfond in einem Topf etwas einkochen lassen. Die Eigelbe mit 4 EL Fond in einer Metallschüssel über dem heißen Wasserbad schaumig schlagen. Vom Herd nehmen und kurz weiterschlagen. Die Butter zerlassen und langsam unter die Eigelbmasse rühren. Die Sahne unterheben. Die Masse mit Salz würzen und auf den Avocado- und Kartoffelscheiben verteilen. Unter dem Backofengrill auf der mittleren Schiene goldbraun überbacken.

5 Zum Servieren die Salzkruste aufbrechen und die Haut der Dorade entfernen. Die Filets auslösen, auf dem Gratin anrichten und nach Belieben mit Kerbelblättern garnieren.

Mangold-Cannelloni
auf Tomatensugo

Zutaten

12 Lasagneblätter · Salz

600 g Mangold · 2 Schalotten

1 Knoblauchzehe · 1 EL Butter

Pfeffer aus der Mühle

600 g Kalbsbrät (oder feines

Bratwurstbrät) · 40 g Sahne

1/2 TL abgeriebene Bio-Zitronen-

schale · 1/2 TL milde Chiliflocken

frisch geriebene Muskatnuss

400 g stückige Tomaten (aus

der Dose)

2 Kugeln Mozzarella (à 125 g)

100 g geriebener Parmesan

Zubereitung

FÜR 4 PERSONEN

1 Die Lasagneblätter in reichlich kochendem Salzwasser etwa 7 Minuten bissfest garen, herausheben, kalt abschrecken und auf einem Küchentuch trocken tupfen.

2 Mangold putzen und waschen, Stiele entfernen. Blätter in kochendem Salzwasser 1 Minute blanchieren, in ein Sieb abgießen, kalt abschrecken, gut ausdrücken und hacken. Schalotten und Knoblauch schälen, fein würfeln und in einer Pfanne in Butter andünsten. Mangold sowie etwas Salz und Pfeffer dazugeben.

3 Das Kalbsbrät mit der Sahne verrühren und mit Salz, Pfeffer, Zitronenschale, Chiliflocken und Muskatnuss würzen. Die Lasagneblätter gleichmäßig damit bestreichen, je zu einem Drittel mit Mangold belegen und aufrollen.

4 Den Backofen auf 200 °C vorheizen. Die Tomaten mit Salz und Pfeffer würzen und in eine Auflaufform geben. Die Cannelloni hineinsetzen. Mozzarella in Würfel schneiden und mit dem Parmesan über den Cannelloni verteilen. Im Ofen auf der mittleren Schiene etwa 20 Minuten goldbraun backen. Cannelloni mit der Tomatensauce auf Tellern anrichten.

Gemüselasagne
mit Paprika und Ricotta

Zutaten

3 EL Mehl

5 EL Butter

ca. 600 ml Milch

60 g geriebener Parmesan

Salz · Pfeffer aus der Mühle

frisch geriebene Muskatnuss

4 rote Paprikaschoten

1 Zucchino

1 Aubergine

ca. 12 Lasagneblätter

400 g Ricotta

80 g Pinienkerne

1 EL gehackter Rosmarin

Parmesanspäne zum Garnieren

Zubereitung
FÜR 4 PERSONEN

1 Das Mehl in einem Topf in 3 EL Butter anschwitzen und langsam die Milch unterrühren. Die Sauce 5 Minuten unter Rühren köcheln lassen. Vom Herd nehmen und Parmesan unterrühren. Mit Salz, Pfeffer und Muskat würzen.

2 Paprikas halbieren, entkernen, waschen und in Streifen schneiden. Zucchino und Aubergine putzen, waschen und längs in ½ cm dicke Scheiben schneiden. Gemüse in kochendem Wasser 1 Minute blanchieren. In ein Sieb abgießen, kalt abschrecken und trocken tupfen.

3 Ofen auf 200 °C vorheizen. Etwas Sauce in einer Auflaufform verteilen. Eine Schicht Lasagneblätter darauflegen, mit Sauce bestreichen und mit etwas Ricotta bestreuen. Auberginen darauflegen, mit einigen Pinienkernen bestreuen und mit Lasagneblättern bedecken. Auf die gleiche Weise Paprika (einige Streifen beiseitelegen) und Zucchini mit Sauce, Ricotta, Pinienkernen und Lasagneblätter einschichten. Die letzte Nudelschicht mit Sauce bestreichen, mit Paprika, Pinienkernen, Rosmarin und restlicher Butter in Flöckchen bestreuen. Im Ofen 45 Minuten backen. Mit Parmesan garnieren.

Spargelcannelloni
mit Brunnenkressesauce

Wer mit diesem Gericht liebäugelt, sollte den Frühling abwarten – denn
dann ist Erntezeit für Spargel und Brunnenkresse aus regionalem Anbau

Zutaten

Für die Cannelloni:

250 g Hartweizenmehl (aus
dem ital. Feinkostladen)

3 Eier

2 EL Olivenöl

Salz

24 Stangen weißer Spargel

2 Schalotten

100 ml trockener Weißwein

300 ml Hühnerbrühe

10 weiße Pfefferkörner

Zucker

8 Scheiben gekochter Schinken

Butter für die Form

Für die Brunnenkressesauce:

80 g Brunnenkresse

2 Eigelb

50 g geriebener Parmesan

Saft von 1/2 Zitrone

2 EL geschlagene Sahne

Salz · Pfeffer aus der Mühle

Zubereitung

FÜR 4 PERSONEN

1 Für die Cannelloni das Mehl mit den Eiern, dem Olivenöl und 1 TL Salz zu einem glatten Teig verkneten. Falls nötig, etwas Wasser hinzufügen. Den Teig zu einer Kugel formen, in Frischhaltefolie wickeln und etwa 2 Stunden kühl stellen.

2 Den Spargel schälen und die holzigen Enden abschneiden. Die Schalotten schälen und halbieren. Den Spargel in einen Dämpfeinsatz geben. In einem großen Topf den Wein mit der Brühe, den Schalotten und den Pfefferkörnern aufkochen und mit Salz und Zucker abschmecken. Den Dämpfeinsatz hineinstellen und den Spargel bei mittlerer Hitze 10 bis 15 Minuten bissfest dämpfen. Den Spargel aus dem Einsatz nehmen und den Sud beiseitestellen.

3 Den Nudelteig in Portionen teilen, mithilfe der Nudelmaschine zu langen, dünnen Bahnen ausrollen und daraus insgesamt 8 Blätter à 10 x 15 cm schneiden. Die Nudelblätter in reichlich kochendem Salzwasser 2 bis 3 Minuten garen. In ein Sieb abgießen, kalt abschrecken und gut abtropfen lassen.

4 Je 3 Stangen Spargel zuerst in 1 Scheibe Schinken und dann in 1 Nudelblatt einrollen. Eine Auflaufform oder vier kleine Portionsformen einfetten und die Spargelcannelloni hineinlegen. Den Backofengrill einschalten.

5 Für die Brunnenkressesauce den beiseitegestellten Spargelsud durch ein Sieb in den Küchenmixer gießen. Die Brunnenkresse verlesen, waschen und trocken schleudern. Die Blätter abzupfen und mit dem Spargelsud fein pürieren.

6 Die Eigelbe, den Parmesan, den Zitronensaft und die Sahne unterrühren. Die Sauce mit Salz und Pfeffer würzen und über den Cannelloni verteilen. Die Spargelcannelloni unter dem Backofengrill auf der mittleren Schiene etwa 10 Minuten goldbraun überbacken.

Gefüllte Paprikaschoten
mit Hirse

Zutaten

3 Frühlingszwiebeln

2 Knoblauchzehen · 1 EL Olivenöl

1 EL Kräuter der Provence

(frisch oder getrocknet, z. B.

Bohnenkraut, Basilikum, Orega-

no, Rosmarin)

400 g passierte Tomaten

200 ml Gemüsebrühe · Zucker

1 TL Aceto balsamico · 50 g Hirse

Salz · 2 rote Paprikaschoten

150 g Tofu · 1 Zwiebel

1 TL Butter

Pfeffer aus der Mühle

je ½ TL getrockneter Thymian

und Majoran · 2 Eigelb

Zubereitung

FÜR 2 PERSONEN

1 Für die Sauce die Frühlingszwiebeln putzen, waschen und in feine Ringe schneiden. Den Knoblauch schälen und in feine Würfel schneiden. Das Olivenöl in einer Pfanne erhitzen, Frühlingszwiebeln und Knoblauch darin andünsten. Die Kräuter, die Tomaten und die Brühe hinzufügen. Sauce etwa 10 Minuten köcheln lassen, mit Zucker und Essig abschmecken.

2 Die Hirse auf einem Sieb abbrausen. In 100 ml kochendem Salzwasser zugedeckt bei schwacher Hitze etwa 15 Minuten garen.

3 Den Backofen auf 220 °C vorheizen. Die Paprikaschoten längs halbieren, entkernen und waschen. Den Tofu in einem tiefen Teller mit einer Gabel zerdrücken. Die Zwiebel schälen, in feine Würfel schneiden und in einer Pfanne in der Butter andünsten. Tofu kurz mitbraten und mit Salz, Pfeffer, Thymian und Majoran würzen. Die Hirse und die Eigelbe untermischen.

4 Die Hirse-Tofu-Mischung in die Paprikahälften füllen. Die Sauce in zwei ofenfesten Formen verteilen und je 2 Paprikahälften hineinsetzen. Im Ofen auf der mittleren Schiene etwa 40 Minuten garen. In den Formen servieren.

Gratinierte Ofentomaten
mit Pastafüllung

Zutaten

100 g Risoni (reisförmige
Nudeln) · Salz

4 große Fleischtomaten
(z. B. Ochsenherztomaten;
à ca. 400 g)

2 Schalotten

2 Knoblauchzehen

4 EL Olivenöl

2 EL schwarze Oliven
(ohne Stein)

1 EL Kapern

½ Bund Petersilie

40 g geriebener Parmesan

Pfeffer aus der Mühle

1 EL Weißbrotbrösel

Zubereitung
FÜR 4 PERSONEN

1 Die Nudeln nach Packungsanweisung in reichlich Salzwasser bissfest garen. In ein Sieb abgießen, kalt abschrecken und abtropfen lassen. Tomaten waschen, auf der Oberseite einen
Deckel abschneiden und die Tomaten mit einem
Löffel aushöhlen. Kerne entfernen, Fruchtfleisch und Deckel in Würfel schneiden.

2 Schalotten und Knoblauch schälen und in feine
Würfel schneiden. In einer Pfanne 3 EL Olivenöl erhitzen, Schalotten mit Knoblauch darin
andünsten. Das Tomatenfruchtfleisch kurz mit

andünsten. Oliven in Scheiben schneiden und
mit den Kapern dazugeben. Petersilie waschen
und trocken schütteln. Die Blätter abzupfen,
fein schneiden und mit den Nudeln sowie der
Hälfte des Parmesans unter die Tomaten mischen. Die Füllung mit Salz und Pfeffer würzen.

3 Den Backofen auf 200 °C vorheizen. Die ausgehöhlten Tomaten in eine ofenfeste Form setzen
und die Füllung in die Öffnungen verteilen.
Restlichen Parmesan und Weißbrotbrösel darauf verteilen und mit dem übrigen Olivenöl
beträufeln. Im Ofen auf der mittleren Schiene
10 bis 15 Minuten gratinieren.

Auberginenröllchen
in Tomatensauce

Genüsslich im Ofen vereint: Lammfleisch und würziger Ziegenkäse geben den Auberginenröllchen einen ganz besonderen Touch

Zutaten

Für die Tomatensauce:

1 Zwiebel

2 Knoblauchzehen

1 Möhre

1 Stange Staudensellerie

2 EL Olivenöl

1 EL Tomatenmark

150 ml trockener Rotwein

300 ml Lammfond (ersatzweise
Gemüsebrühe)

400 g stückige Tomaten
(aus der Dose)

1 EL Thymianblättchen

Salz · Pfeffer aus der Mühle

Für die Auberginenröllchen:

Olivenöl zum Braten

450 g Lammhackfleisch

Salz · Pfeffer aus der Mühle

gemahlener Kreuzkümmel

2 Auberginen

50 g Ziegengouda (am Stück)

Zubereitung

FÜR 4 PERSONEN

1 Für die Tomatensauce die Zwiebel und den Knoblauch schälen und in feine Würfel schneiden. Die Möhre putzen, schälen und in kleine Würfel schneiden. Den Sellerie putzen, waschen und ebenfalls in kleine Würfel schneiden.

2 Das Olivenöl in einem großen Topf erhitzen. Zwiebel, Knoblauch und Sellerie darin andünsten. Das Tomatenmark unterrühren, mit dem Wein ablöschen und etwas einköcheln lassen. Dann den Fond angießen und die Tomaten samt Saft hinzufügen und untermischen. Alles bei schwacher Hitze etwa 20 Minuten einköcheln lassen. Den Topf vom Herd nehmen, den Thymian dazugeben und die Tomatensauce mit Salz und Pfeffer abschmecken.

3 Für die Auberginenröllchen 2 EL Olivenöl in einer Pfanne erhitzen und das Hackfleisch darin krümelig braten. Etwa ein Drittel der Tomatensauce untermischen und die Hackfüllung mit Salz, Pfeffer sowie 1 Prise Kreuzkümmel würzen.

4 Den Backofen auf 180 °C vorheizen. Die Auberginen putzen, waschen und längs in 1 cm dicke Scheiben schneiden. Olivenöl in einer Pfanne erhitzen und die Auberginenscheiben darin portionsweise auf beiden Seiten 1 bis 2 Minuten goldbraun braten. Herausnehmen und auf Küchenpapier abtropfen lassen. Auf das untere Ende der Auberginenscheiben je 1 EL Füllung geben, die Scheiben aufrollen und nach Belieben mit Holzspießchen feststecken.

5 Die Auberginenröllchen nebeneinander in eine große flache Auflaufform setzen. Die restliche Tomatensauce über die Röllchen gießen und die Hälfte des Ziegenkäses darüberreiben. Die Auberginenröllchen im Ofen auf der mittleren Schiene etwa 25 Minuten garen. Den restlichen Ziegenkäse darüberreiben und die Auberginenröllchen servieren.

Zucchiniblüten
mit Bulgur und Kräuterseitlingen

Hobbygärtner haben es gut: Mit wenigen Zucchinipflanzen ist die Ernte für diese Leckerei gesichert. Alle anderen werden am Marktstand fündig

Zutaten

1/2 l Gemüsebrühe

3–4 EL Olivenöl

200 g Bulgur

1 Msp. gemahlener Safran

400 g Kräuterseitlinge (ersatzweise Champignons)

1 Zwiebel

1 Knoblauchzehe

50 g Crème fraîche

2 EL gehackter Thymian

1–2 EL Zitronensaft

Salz · Pfeffer aus der Mühle

16 kleine Zucchiniblüten

120 ml trockener Weißwein

Zubereitung

FÜR 4 PERSONEN

1 Die Brühe mit 1 EL Olivenöl in einem Topf aufkochen. Den Bulgur und den Safran unterrühren und zugedeckt etwa 5 Minuten köcheln lassen. Den Topf vom Herd nehmen und den Bulgur etwa 10 Minuten ausquellen lassen.

2 Inzwischen die Kräuterseitlinge putzen und, falls nötig, trocken abreiben. Etwa die Hälfte der Pilze längs halbieren und beiseitestellen, die restlichen Pilze in feine Würfel schneiden. Die Zwiebel sowie den Knoblauch schälen und in feine Würfel schneiden. In einer Pfanne 1 EL Olivenöl erhitzen und die Pilz-, Zwiebel- und Knoblauchwürfel darin 3 bis 4 Minuten braten. Die Pilzmischung mit der Crème fraîche und dem Thymian unter den Bulgur mischen. Die Füllung mit Zitronensaft, Salz und Pfeffer würzen.

3 Den Backofen auf 180 °C vorheizen. Vier ofenfeste Portionsformen oder eine große Form mit Olivenöl einfetten. Von den Zucchiniblüten jeweils den Blütenstempel und die Staubgefäße entfernen. Die Bulgurmasse in die Blüten füllen. Sollte Füllung übrigbleiben, diese zunächst beiseitestellen. Die Spitzen der Blütenblätter über der Füllung zusammendrehen.

4 Je 4 Zucchiniblüten in eine Portionsform oder alle Blüten in die große Form legen. Reste der Füllung sowie die halbierten Pilze um die Blüten verteilen, mit Salz und Pfeffer würzen und mit dem restlichen Olivenöl beträufeln. Den Wein angießen und die Blüten auf der mittleren Schiene im Ofen etwa 15 Minuten goldbraun backen. Dazu passt Tomatensauce.

Tipp › Für eine Tomatensauce 400 g stückige Tomaten mit 2 EL Olivenöl, 1 durchgepressten Knoblauchzehe, 1 TL Kräutern der Provence sowie etwas Salz und Pfeffer etwa 10 Minuten köcheln lassen.

Gelbe Zucchini
mit Gemüsefüllung

Zutaten

3 EL Olivenöl

4 kleine bauchige gelbe Zucchini

(à ca. 200 g)

2 Tomaten

2 orange Paprikaschoten

1 Zwiebel

1 Knoblauchzehe

1 EL Zitronensaft

Salz · Pfeffer aus der Mühle

120 g geriebener Käse

(z. B. Gouda)

1–2 Stiele Basilikum

Zubereitung

FÜR 4 PERSONEN

1 Ein Backblech mit 1 EL Olivenöl einfetten. Die Zucchini waschen, längs halbieren und die Kerne mit einem Löffel entfernen. Das Fruchtfleisch mit einem Löffel herausschaben, dabei einen etwa 1 cm dicken Rand stehen lassen. Das Zucchinifleisch in kleine Würfel schneiden. Die Zucchinihälften auf das Backblech legen.

2 Die Tomaten waschen, halbieren, entkernen und in kleine Würfel schneiden. Die Paprikaschoten längs halbieren, entkernen, waschen und in kleine Würfel schneiden. Die Zwiebel schälen und in grobe Würfel schneiden. Knoblauch schälen und in feine Würfel schneiden.

3 Zucchini-, Tomaten-, Paprika-, Zwiebel- und Knoblauchwürfel in einer Schüssel mit dem restlichen Öl und dem Zitronensaft mischen. Die Masse mit Salz sowie Pfeffer würzen und in die Zuchinihälften füllen. Die Zucchini mit dem Käse bestreuen und im Ofen auf der mittleren Schiene etwa 40 Minuten goldbraun backen.

4 Das Basilikum waschen und trocken schütteln. Die Blätter abzupfen, grob schneiden und die gebackenen Zucchinihälften damit bestreuen.

Herbstliches Ofengemüse
mit Schafskäsedip

Zutaten

1 Hokkaidokürbis

8 junge Rote Beten (mit Grün)

250 g Pilze (z. B. Champignons)

2 rote Zwiebeln

2 Zweige Rosmarin

4 EL Olivenöl

1 EL flüssiger Honig

3 EL Zitronensaft

grobes Meersalz

Pfeffer aus der Mühle

40 g Pinienkerne

300 g Schafsfrischkäse (ersatzweise Ziegenfrischkäse
oder Feta)

Zubereitung
FÜR 4 PERSONEN

1 Den Kürbis waschen, vierteln und die Kerne mit einem Löffel entfernen. Die Kürbisviertel in schmale Spalten schneiden. Die Roten Beten waschen, schälen, putzen, dabei etwas Grün stehen lassen, und die Knollen halbieren. Die Pilze putzen und je nach Größe ganz lassen oder halbieren. Die Zwiebeln schälen und in Spalten schneiden. Den Rosmarin waschen, trocken schütteln und die Nadeln abzupfen.

2 Den Backofen auf 200 °C vorheizen und ein Backblech mit 1 EL Öl einfetten. Kürbis, Rote Beten, Pilze, Zwiebeln und Rosmarin auf dem Backblech verteilen. Gleichmäßig mit Honig sowie je 2 EL Olivenöl und Zitronensaft beträufeln. Das Gemüse mit Meersalz und Pfeffer würzen, mit den Pinienkernen bestreuen und alles gut vermischen. Im Ofen auf der mittleren Schiene etwa 30 Minuten goldbraun backen.

3 Inzwischen den Frischkäse mit dem restlichen Zitronensaft sowie Olivenöl glatt rühren und mit Salz und Pfeffer würzen. Den Dip in Schäl-chen füllen. Das Ofengemüse nach Belieben mit frischen Rosmarinnadeln bestreuen und mit dem Schafskäsedip servieren.

Wirsingwickel
mit Salsiccia und weißen Bohnen

Italienische Zutaten treffen auf deutsche Hausmannskost und bringen
mediterrane Leichtigkeit in deftig gefüllte Wirsingwickel

Zutaten

Für die Wirsingwickel:

8 große Wirsingblätter

Salz

1 Brötchen (vom Vortag)

150 ml heiße Milch

1 Zwiebel

2 EL Olivenöl

4 Salbeiblätter

1/2 TL Fenchelsamen

250 g Salsiccia (ital. grobe
rohe Bratwurst)

250 g Schweinehackfleisch

1 Ei

Pfeffer aus der Mühle

Für das Bohnengemüse:

1 Schalotte

1 Knoblauchzehe

200 g Cannellini-Bohnen
(aus der Dose)

6 Salbeiblätter

2 EL Olivenöl

100 ml Weißwein

Salz · Pfeffer aus der Mühle

400 g Tomaten

Zubereitung

FÜR 4 PERSONEN

1 Für die Wirsingwickel die Wirsingblätter waschen und in kochendem Salzwasser 1 bis 2 Minuten blanchieren. In ein Sieb abgießen, kalt abschrecken und trocken tupfen. Die Blätter auf die Arbeitsfläche legen und dicke Blattrippen flach schneiden. Das Brötchen entrinden, in kleine Würfel schneiden und in der Milch einweichen. Die Zwiebel schälen und in feine Würfel schneiden.

2 Das Olivenöl in einer Pfanne erhitzen und die Zwiebel darin glasig dünsten. Die Salbeiblätter waschen und in feine Streifen schneiden. Die Fenchelsamen im Mörser grob zerstoßen. Die Salsiccia aus der Pelle drücken und mit Hackfleisch, Ei, ausgedrücktem Brötchen, Zwiebel, Salbei und Fenchel verkneten. Mit Salz und Pfeffer würzen. Die Masse auf den Wirsingblättern verteilen, die Seiten über der Füllung etwas einschlagen. Die Blätter aufrollen und mit Küchengarn zubinden.

3 Den Backofen auf 180 °C vorheizen. Für das Bohnengemüse die Schalotte und den Knoblauch schälen und in feine Würfel schneiden. Die Bohnen in ein Sieb abgießen, abbrausen und abtropfen lassen. Den Salbei waschen. Das Olivenöl in einer Pfanne erhitzen, die Wirsingwickel darin rundum kurz anbraten und herausnehmen. Schalotten, Knoblauch und Salbei im Bratfett andünsten. Den Wein angießen und etwas einkochen lassen. Die Bohnen untermischen, mit Salz und Pfeffer würzen und in einer ofenfesten Form verteilen. Die Wirsingwickel darauflegen und die Form mit Alufolie verschließen. Wirsingwickel im Ofen auf der mittleren Schiene etwa 30 Minuten garen.

4 Inzwischen die Tomaten waschen, vierteln und entkernen. Die Tomatenviertel in Würfel schneiden und 10 Minuten vor Ende der Garzeit unter die Bohnen mischen. Die Wirsingwickel herausnehmen und das Bohnengemüse mit Salz und Pfeffer abschmecken. Die Wirsingwickel mit dem Gemüse anrichten.

Grillgemüse und Mozzarella
im Panino gebacken

*Wie das duftet, wenn die frischen Brote mit der saftigen Gemüsefüllung
aus dem Ofen kommen! Nur gut, dass es für viele Esser reicht*

Zutaten

Für den Teig:

½ Würfel Hefe (21 g)

1 EL Honig

500 g Mehl (Type 550)

2 TL Salz

3 EL Olivenöl

Für die Füllung:

1 große Aubergine

2 Zucchini

1 weiße Zwiebel

1 Knoblauchzehe

½ Bund Thymian

80 ml Olivenöl

Salz · Pfeffer aus der Mühle

2 rote Paprikaschoten

2 Kugeln Mozzarella (à 125 g)

Außerdem:

Mehl für die Arbeitsfläche

Pesto nach Belieben

Zubereitung

FÜR 10 STÜCK

1 Für den Teig die Hefe mit 300 ml lauwarmem Wasser und dem Honig verrühren, bis sich die Hefe aufgelöst hat. Das Hefewasser mit Mehl, Salz und Olivenöl 5 bis 10 Minuten zu einem glatten Teig verkneten, der sich vom Schüsselrand löst. Den Teig mit einem Küchentuch zugedeckt etwa 45 Minuten gehen lassen, bis sich sein Volumen nahezu verdoppelt hat.

2 Inzwischen für die Füllung die Aubergine und die Zucchini putzen, waschen und in 1 cm dicke Scheiben schneiden. Die Zwiebel schälen und ebenfalls in 1 cm dicke Scheiben schneiden. Den Knoblauch andrücken. Den Thymian waschen und trocken schütteln, die Blätter abzupfen. Das Gemüse mit Knoblauch, Thymian und Olivenöl in einer ofenfesten Form mischen, mit Salz sowie Pfeffer würzen und 20 Minuten ziehen lassen. Inzwischen den Backofengrill einschalten.

3 Die Paprikaschoten längs halbieren, entkernen, waschen und vierteln. Unter dem Grill auf der obersten Schiene etwa 8 Minuten garen, bis die Haut dunkel wird und Blasen wirft. Mit einem feuchten Tuch bedecken und abkühlen lassen. Das Gemüse in der Form auf der unteren Schiene 15 bis 20 Minuten grillen, zwischendurch einmal wenden. Aus dem Ofen nehmen. Die Paprika häuten und unter das Gemüse mischen. Den Mozzarella abtropfen lassen und in 10 Scheiben schneiden.

4 Den Backofen auf 200 °C Umluft vorheizen. Den Teig gut kneten und in 10 Portionen teilen. Jedes Stück auf der bemehlten Arbeitsfläche zu einem 14 x 14 cm großen Quadrat ausrollen und je zur Hälfte mit etwas Gemüse sowie je 1 Scheibe Mozzarella belegen. Die unbelegte Hälfte über die Füllung schlagen, die Ränder andrücken. Die Panini auf ein bemehltes Backblech legen und 15 Minuten gehen lassen. Panini im Ofen auf der unteren Schiene 15 bis 18 Minuten goldgelb backen. Heiß oder leicht abgekühlt mit Pesto servieren.

Weißkohl-Flammkuchen
mit Sauerkraut und Pancetta

*Ganz so, wie es sich für einen Flammkuchen gehört: Der dünne Teig
wird beim Backen richtig schön knusprig und kracht bei jedem Bissen*

Zutaten

Für den Teig:

¼ Würfel Hefe (10 g)

350 g Mehl

Salz

Mehl für die Arbeitsfläche

Für den Belag:

200 g Weißkohlblätter

1 Zwiebel

2 EL Öl

1 TL gehackter Thymian

Salz · Pfeffer aus der Mühle

200 g Sauerkraut

200 g Crème fraîche

100 g Pancetta (ital. Bauch-
speck)

Zubereitung

FÜR 4 PERSONEN

1 Für den Teig die Hefe mit 175 ml lauwarmem Wasser verrühren, bis sie sich aufgelöst hat. Mit dem Mehl und 1 TL Salz
zu einem glatten Teig verkneten, der sich vom Schüsselrand
löst. Bei Bedarf noch etwas Wasser oder Mehl unterkneten.
Den Teig mit einem Küchentuch zugedeckt an einem warmen
Ort etwa 30 Minuten gehen lassen, bis sich sein Volumen
nahezu verdoppelt hat.

2 Inzwischen für den Belag die Weißkohlblätter waschen und
in feine Streifen schneiden. Die Zwiebel schälen und in feine
Würfel schneiden. Das Öl in einer Pfanne erhitzen und den
Weißkohl mit den Zwiebeln darin bei mittlerer Hitze 5 bis
7 Minuten bissfest braten. Mit Thymian, Salz und Pfeffer
würzen und vom Herd nehmen. Das Sauerkraut auf einem
Sieb abtropfen lassen und gut ausdrücken. Die Crème fraîche
mit Salz und Pfeffer würzen. Den Pancetta klein schneiden.

3 Den Backofen auf 220 °C Umluft vorheizen. Zwei Backbleche
mit Mehl bestäuben. Den Hefeteig auf der bemehlten Arbeitsfläche durchkneten und in 8 Stücke teilen. Jedes Teigstück
zu einem dünnen Fladen ausrollen.

4 Die Fladen nebeneinander auf die Backbleche legen und mit
Crème fraîche bestreichen, dabei einen kleinen Rand frei lassen. Mit Weißkohlmischung, Sauerkraut und Pancetta belegen. Die Fladen im Ofen 10 bis 15 Minuten goldbraun und
knusprig backen. Nach Belieben mit Thymian garnieren und
in Stücke geschnitten servieren.

Tipp › Wer den Flammkuchen lieber klassisch puristisch
mag, belegt ihn dünn mit Zwiebeln und Speck –
Vegetarier können zum Beispiel zu halbierten Cocktailtomaten und Frühlingszwiebelringen greifen.

Quiche Lorraine
mit Lauch und Speck

Zutaten

Für den Belag:

3 Stangen Lauch (nur die
weißen Teile)

100 g durchwachsener Räucherspeck (in Scheiben)

3 EL Butter

Salz

2 Eier · 3 Eigelb

200 g Sahne

frisch geriebene Muskatnuss

Für den Teig:

150 g Mehl · 1 Ei

75 g Butter · Salz

Mehl zum Verarbeiten

Zubereitung
FÜR 12 STÜCK

1 Für den Belag den Lauch putzen, waschen und
in feine Streifen schneiden. Den Speck in Streifen schneiden. Die Butter in einer Pfanne erhitzen, den Lauch und den Speck darin bei
mittlerer Hitze andünsten. Mit Salz würzen und
beiseitestellen. Die Eier mit den Eigelben, der
Sahne, 1 Prise Salz und etwas Muskatnuss in
einer Schüssel gut verquirlen.

2 Den Backofen auf 170 °C vorheizen. Für den
Teig das Mehl mit dem Ei, der Butter, 3 EL Wasser und ¼ TL Salz glatt verkneten. Die Vertiefungen eines Muffinblechs einfetten und mit
Mehl ausstäuben. Den Teig in 12 Portionen teilen, auf der bemehlten Arbeitsfläche dünn ausrollen und die Vertiefungen des Muffinblechs
damit auskleiden.

3 Die Lauch-Speck-Mischung gleichmäßig in
den Teighüllen verteilen und die Eiersahne
darübergießen. Die Quiches im Ofen auf der
mittleren Schiene etwa 15 Minuten goldbraun
backen. Die Quiches lauwarm mit frischen
Kräutern garniert servieren. Sie passen auch
als Beilage zu Wild und Fleisch.

Saftiger Gemüsekuchen
mit Schinken

Zutaten

4 Zwiebeln

3 kleine Stangen Lauch

2 kleine Zucchini

2 rote Paprikaschoten

4 Tomaten

160 g gekochter Schinken

160 g Mozzarella

8 Eier

320 ml Milch

4 EL Olivenöl

Salz · Pfeffer aus der Mühle

Zubereitung
FÜR 4 PERSONEN

1 Die Zwiebeln schälen, den Lauch und die Zucchini putzen und waschen. Die Paprikaschoten längs halbieren, entkernen und waschen. Die Tomaten waschen. Zwiebeln, Lauch, Paprika und Tomaten in kleine Würfel oder Streifen schneiden, dabei die Stielansätze von den Tomaten entfernen. Die Zucchini in dünne Scheiben schneiden.

2 Den Schinken und den Mozzarella in kleine Würfel schneiden. Die Eier in einer Schüssel mit der Milch verquirlen.

3 Den Backofen auf 200 °C vorheizen. Das Olivenöl in einer Pfanne erhitzen und das Gemüse darin bei mittlerer Hitze etwa 3 Minuten anbraten. Mit Salz und Pfeffer würzen. Schinken, Käse und Eiermilch untermischen.

4 Die Gemüsemasse in eine große Tarteform oder in Portionsformen füllen und im Ofen auf der mittleren Schiene etwa 45 Minuten garen. Den Gemüsekuchen warm oder kalt in Stücke geschnitten servieren.

Herbstgemüse-Schmortopf
mit Rindfleisch

*Sind erst einmal alle Zutaten im Topf, gibt es hier nichts mehr zu tun –
während das Essen schmurgelt, können Sie einen Herbstspaziergang machen*

Zutaten

200 g Schwarzwurzeln

Saft von 1/2 Zitrone

200 g Rosenkohl

200 g Knollensellerie

200 g Herbstrübchen

350 g vorwiegend fest-
kochende Kartoffeln

200 g Kürbisfruchtfleisch (z. B.
Hokkaido- oder Muskatkürbis)

1 Bund Petersilie

1 EL abgeriebene
Bio-Orangenschale

1 TL ganzer Kümmel

1 EL Dijon-Senf

1 EL süßer Senf

700 ml Fleischbrühe

600 g Rindfleisch (z. B. aus
der Schulter) · 2 EL Öl

Salz · Pfeffer aus der Mühle

Zubereitung
FÜR 4 PERSONEN

1 Die Schwarzwurzeln putzen, schälen, schräg in etwa 1 cm dicke Stücke schneiden und in Wasser mit Zitronensaft legen. Den Rosenkohl putzen und die äußeren Blätter entfernen. Den Rosenkohl waschen und den Strunk jeweils kreuzförmig einschneiden. Den Sellerie und die Herbstrübchen putzen, schälen und in dünne Scheiben schneiden. Die Kartoffeln schälen, waschen und in dünne Scheiben schneiden. Das Kürbisfruchtfleisch ebenfalls in Scheiben schneiden.

2 Die Petersilie waschen und trocken schütteln, die Blätter abzupfen und fein hacken. Die Petersilie, die Orangenschale, den Kümmel und die beiden Senfsorten unter die Brühe rühren.

3 Den Backofen auf 200 °C vorheizen. Das Rindfleisch von Fett und Sehnen befreien und in etwa 1 cm dicke Scheiben schneiden. Das Öl in einer Pfanne erhitzen und das Fleisch darin portionsweise bei mittlerer Hitze rundum kräftig anbraten. Mit Salz und Pfeffer würzen.

4 Das Gemüse und die Fleischscheiben lagenweise abwechselnd in einen großen ofenfesten Schmortopf schichten und mit Salz sowie Pfeffer würzen. Die gewürzte Brühe angießen, den Topf verschließen und das Fleisch mit dem Gemüse im Ofen etwa 2 Stunden schmoren. Mit Bauernbrot servieren.

Tipp> Die Gemüsesorten für den Schmortopf können Sie beliebig variieren. Achten Sie jedoch darauf, nur festfleischiges Gemüse (z. B. Möhren) zu verwenden, das bei der langen Garzeit die Form behält.

Rosenkohlauflauf
mit Speck und Walnüssen

*Rosenkohl, Speck und Nüsse – das klassische Dreiergespann überzeugt
mit einer cremigen Sauce überbacken auch als Auflauf aus dem Ofen*

Zutaten

1 kg Rosenkohl

Salz

200 g Sahne

1 Ei

1 Knoblauchzehe

2 EL gehackte Kräuter
(z. B. Petersilie, Dill)

Pfeffer aus der Mühle

frisch geriebene Muskatnuss

100 g durchwachsener
Räucherspeck (in Scheiben)

60 g Walnusskernhälften

Butter für die Formen

Zubereitung
FÜR 4 PERSONEN

1   Den Rosenkohl putzen und die äußeren Blätter entfernen.
Den Rosenkohl waschen und jeweils halbieren. Die Rosenkohl-
hälften in kochendem Salzwasser etwa 5 Minuten sehr bissfest
blanchieren. In ein Sieb abgießen, kalt abschrecken und abtropfen lassen.

2   Die Sahne mit dem Ei verquirlen. Den Knoblauch schälen, fein
hacken und mit den Kräutern unter die Eiersahne rühren. Die
Masse mit Salz, Pfeffer und Muskatnuss würzen. Den Speck in
Streifen schneiden. Die Walnüsse grob hacken.

3   Den Backofen auf 200 °C vorheizen. Vier Portionsformen oder
eine große Auflaufform mit Butter einfetten. Den Rosenkohl
in die Formen verteilen, mit den Speckstreifen und Walnüssen
bestreuen und die Sahne-Eier-Mischung darübergießen.

4   Den Rosenkohlauflauf im Ofen auf der mittleren Schiene etwa
20 Minuten backen. In den Portionsformen servieren oder auf
Teller verteilen. Dazu schmecken Salzkartoffeln.

Tipp> Wer Aufläufe mit Kruste liebt, kann vor dem Backen
zusätzlich geriebenen Gouda oder zerbröckelten
Gorgonzola darüberstreuen. Für eine goldgelbe
Kruste dann etwas länger im Backofen lassen.

Gratinierter Fenchel
mit Oliven und Mandelstreuseln

Zutaten

3 rotschalige Äpfel

2 EL Zitronensaft

4 kleine Fenchelknollen

(à ca. 150 g; mit Grün)

Salz

130 g weiche Butter

180 g gemahlene Mandeln

1 EL gehackter Thymian

150 ml trockener Weißwein

100 g schwarze Oliven

(ohne Stein)

Zubereitung

FÜR 4 PERSONEN

1 Den Backofen auf 200 °C vorheizen. Die Äpfel waschen, vierteln und entkernen. Die Apfelviertel in dünne Spalten schneiden und mit dem Zitronensaft beträufeln.

2 Den Fenchel putzen, waschen und halbieren. Das Grün jeweils beiseitelegen und den harten Strunk nur so weit entfernen, dass die Knolle noch zusammenhält. Den Fenchel in Spalten schneiden und in kochendem Salzwasser etwa 5 Minuten blanchieren. In ein Sieb abgießen, kalt abschrecken und gut abtropfen lassen.

3 Die Butter mit den Mandeln, 1 Prise Salz und dem Thymian mit den Händen zu groben Streuseln verreiben.

4 Die Apfel- und die Fenchelspalten dachziegelartig in vier Portionsformen oder eine große Auflaufform schichten. Den Wein seitlich angießen. Die Oliven und die Streusel darauf verteilen. Den Fenchel im Ofen auf der mittleren Schiene 20 bis 25 Minuten goldgelb gratinieren. Herausnehmen und mit dem beiseitegelegten Fenchelgrün garnieren. Dazu schmeckt frisches Baguette.

Bauernomelett
mit Kartoffeln und Gemüse

Zutaten

400 g gegarte Kartoffeln

1 Zwiebel

100 g gekochter Hinterschinken

100 g grüner Spargel

2 kleine Möhren (nach Belieben
gelb oder orange)

150 g Brokkoliröschen

Salz

½ rote Paprikaschote

1 EL Öl · Pfeffer aus der Mühle

gemahlener Kümmel

getrockneter Majoran

5 Eier · 150 ml Milch

frisch geriebene Muskatnuss

Chiliflocken

Zubereitung
FÜR 4 PERSONEN

1 Kartoffeln pellen und in ½ cm dicke Scheiben schneiden. Zwiebel schälen und ebenso wie den Schinken klein würfeln. Spargel waschen und im unteren Drittel schälen, die holzigen Enden abschneiden. Spargel in 2 cm lange Stücke schneiden. Möhren putzen, schälen, in Scheiben schneiden. Brokkoli waschen. Spargel, Möhren und Brokkoli in kochendem Salzwasser bissfest blanchieren. In ein Sieb abgießen, kalt abschrecken und abtropfen lassen. Paprika entkernen, waschen und klein würfeln.

2 Den Backofen auf 160 °C vorheizen. Kartoffeln und Zwiebel in einer Pfanne im Öl bei mittlerer Hitze kurz anbraten. Schinken, Spargel, Möhren, Brokkoli und Paprika untermischen. Mit Salz, Pfeffer, je 1 Prise Kümmel und Majoran würzen. Eier und Milch in einer Schüssel mit dem Stabmixer verrühren. Mit Muskatnuss, Salz, Pfeffer und Chiliflocken würzen und über das Gemüse gießen. Das Omelett etwa ½ Minute auf dem Herd weiterbraten, dann im Ofen auf der mittleren Schiene etwa 20 Minuten fertig garen. Zum Servieren in Stücke schneiden und nach Belieben mit Rosmarin garnieren.

Lammkeule
mit Blumenkohl

Der würzige Lammbraten, bei dem das Gemüse gleich im Ofen mitgegart wird, eignet sich perfekt für die Bewirtung von Gästen

Zutaten

1 Lammkeule (ca. 2 kg mit Knochen; beim Metzger vorbestellen)

5 EL Olivenöl

3 – 4 Knoblauchzehen

1 Bund Thymian

je 1 TL Pfeffer- und Korianderkörner

1 EL scharfer Senf

Meersalz

1 Blumenkohl (ca. 1,2 kg)

2 rote Zwiebeln

Zubereitung

FÜR 4 PERSONEN

1 Die Lammkeule waschen, trocken tupfen und die Schwarte mehrmals rautenförmig einschneiden. In einer großen Pfanne 2 EL Olivenöl erhitzen und die Lammkeule darin rundum braun anbraten. Die Lammkeule aus der Pfanne nehmen und in einen Bräter legen. Den Bratensatz in der Pfanne mit ¼ l Wasser ablöschen und vom Pfannenboden lösen. Den Backofen auf 180 °C vorheizen.

2 Den Knoblauch schälen und durchpressen. Den Thymian waschen und trocken schütteln. Einige Zweige zum Garnieren beiseitelegen, vom restlichen Thymian die Blätter abzupfen und hacken. Die Pfeffer- und Korianderkörner im Mörser grob zerstoßen. Den Knoblauch mit gehacktem Thymian, Pfeffer, Koriander, Senf, 1 TL Meersalz und 2 EL Olivenöl verrühren.

3 Die Lammkeule rundum mit der Würzmischung einreiben und im Ofen auf der mittleren Schiene 30 Minuten garen. Den Bratensatz aus der Pfanne angießen und die Keule weitere 2 Stunden garen. Zwischendurch bei Bedarf Wasser nachgießen und die Lammkeule ab und zu mit Bratensaft beschöpfen.

4 Inzwischen den Blumenkohl putzen, waschen und in Röschen teilen. Die Zwiebeln schälen und in Spalten schneiden. Beides 30 Minuten vor Garzeitende um die Keule herum verteilen, mit dem restlichen Olivenöl beträufeln und mit etwas Bratensaft übergießen. Die Lammkeule mit dem Gemüse auf einer Platte anrichten und mit etwas Bratensaft beträufeln. Mit den Thymianzweigen garniert servieren.

Tipp › Servieren Sie Kartoffelpüree zum Lamm: 500 g Salzkartoffeln kochen, durch die Kartoffelpresse drücken und mit 1 EL Butter und etwa ⅛ l heißer Milch verrühren. Mit etwas Salz und Muskatnuss würzen.

Rezeptregister

Rezeptregister

Bildnachweis

Umschlag: Cover: *Eising Studios / Food Photo & Video*; *Stockfood:* Laurange (hinten o.), Gräfe & Unzer Verlag: K.-M. Einwanger (hinten M.), Jalag-Syndication: W. Schardt (hinten u.)
Innenteil: *S. Braun:* 77; *Foodphotography Eising/Susie Eising:* 25, 27, 45; *S. Eising:* 9 (l. u.), 34, 74-75, 78, 87, 91, 104, 131, 135, 151, 169, 179; *S. Eising/M. Görlach:* 49, 100-101, 121; *Eising Studios / Food Photo & Video:* 30; *C. Friese:* 8, 16-19; *Jo Kirchherr:* 23, 39, 55, 89, 92, 139, 142, 172; *Andrea Kramp und Bernd Gölling:* 9 (l. o., r. u.), 20-21, 24, 29, 31, 35, 37, 56, 57, 79, 81, 84, 88, 93, 98, 106, 110, 111, 113, 117, 132, 141, 147, 153, 157, 158, 173; *J. Liebenstein:* 52-53, 63, 136; *J.-P. Westermann:* 47, 51, 133, 154, 159, 167; *Stockfood:* C. Alack: 126; I. van Aswegen: 9 (oben), 125; R. Ballard: 164; Bauer Syndication: 97, 114; S. Benjamins: 69; H. Bischof: 64, 128-129, 145, 178; O. Brachat: 95; S. Braun: 127; N. Breen: R. Castilho: 43, 59, 171, 177; B. Dearnley: 9 (r. o.) 71; S. Eising: 65, 85; Eising Studios / Food Photo & Video: 11 (r. o.), 38, 41, 50, 99, 115; Foodcollection: 10 (l.), 11 (M. o.); Foodphotography Eising/ Susie Eising: 83, 109; Jalag-Syndication: Grossmann.Schuerle: 148-149, 165; W. Schardt: 103; Gräfe & Unzer Verlag: K.-M. Einwanger: 9 (M. u., M.), 13, 74, 143, 175; J. Rynio: 61; W. Schardt: 46, 146, 155, 163; P. Gross: 11 (l. o.); W. Heinze: 105, 161; S. Hempel: 10 (r. o.); A. Hinchcliffe: 72; M. Jahreis: 123; J. Kirchherr: 118; Laurange: 137; Lene-K: 181; D. Loftus: 60; A. Richardson: 33; M. Urban: 42; D. Weiner: 11 (l. u.); Westermann Studios GbR: 122; A. Young: 119; Z. L. Zarotti: 67